引き出す力

ソーシャル時代をかしこく生き抜くための、
セルフプロデュース術

おちまさと

SOGO HOREI PUBLISHING CO., LTD

ひきだ―す【引き出す】

①中にある物を、引いて外に出す。⇕引き入れる
②人前や公の場に出す。交渉の場に―す、闘牛場に牛を―す
③隠れている物事を表面に出して、明らかにする。才能を―す、結論を―す、回答を―す
④預金・貯金をおろす。全額―す〔可能〕ひきだせる

（「大辞林」三省堂）

ひきだ―す―ちから【引き出す力】

あなたがまだ気づいていない、自身の「可能性」や「スキル」を、様々な角度から見つけ出す力のこと。
この力を身につけることで、5年後、10年後、周囲がどんな状況になろうとも、
さまざまな方面で必要とされる人材になることができる。

（おちまさと）

はじめに

結果を出している人は、自分で自分の可能性を「引き出し」ている

「あの人は『引き出し』が多い」

あなたはビジネスシーンにおいて、このような言葉をよく聞きませんか？
「仕事のできる人」というイメージでよく使われるフレーズと言えるでしょう。

「自分は『引き出し』が少ない」

一方で、このように勝手に自己否定している人はいませんか？
中には、信頼する上司や先輩、他の人から言われたことがきっかけで、そのように思い込んでしまっている人もいるかもしれません。

しかし、はたして本当にそうなのでしょうか。

何の根拠もなく、思い込んでいませんか?

「ただ言われたから」という理由で思い込みを重ねていくと、いつの間にか自分を縛りつける結果になってしまいます。そしてそれは、あなたの可能性という「引き出し」を、固く閉ざしてしまうことになるのです。

「はたして上司や先輩の言っていることは本当だろうか?」

「『自分はこういうキャラだ』と思い込んでいないだろうか?」

これは、ビジネスにおいて結果を出している人の考え方です。

常に自分を客観的に見つめ、自分の魅力を自らの手で「引き出し」、結果につなげているのです。

9割の人は、「引き出し」の開け方を知らないだけ

「引き出し」そのものは誰でも持っています。

ただ、9割の人は、その開け方を知らないだけなのです。

言い換えればこれから先、こういった客観視ができなければ、あっという間に時代の流れに取り残されてしまうことは間違いないでしょう。

ツイッターやフェイスブックに代表されるソーシャルメディアの急速な発達と普及により、誰もが世界に向けてボーダーレスに意見を発信できるようになりました。面識のない人同士がネット上で出会い、ビジネスにつながることも少なくありません。これまでの常識が非常識に変わるスピードの速さです。会社の看板ではなく、自分の看板で勝負する時代に入ったと言えるでしょう。

いかにスピーディーに、効率よく、的確に、自らの魅力やメリットをアピールし、サー

ビスや製品に誘導できるかが生き残りのカギとなっています。そういった意味でも、もはやソーシャルメディアは避けて通ることはできないと言っても過言ではありません。ソーシャルメディアを味方につけることで、新しい可能性という「引き出し」が開いていくチャンスが広がっているのです。

時代の変化とともに「引き出す力」の必要性にいち早く気づいた人は、可能性をどんどん広げ、多方面に必要とされる人材になっています。「引き出せていない」人との差は、広がっていくばかりです。

「引き出す力」は、あなたの可能性を高める〝セルフプロデュース術〟

「どうして結果が出ないのだろう」
「どのようにすれば認めてもらえるだろう」

このような悩みを抱えている人はきっと多いと思います。

では、どうしたらよいのでしょうか。

あなたの中にたくさんある、まだ開いていない「引き出し」を開ければいいのです。

僕は、「引き出し」とはつまり、「伸びしろ」と考えています。今後、伸びていくだろうという可能性を持った人に、ビジネスチャンスは惜しみなく訪れます。「引き出す力」とは、あなたの「伸びしろ」を引き出すためのセルフプロデュース術でもあるのです。

この本では、新しい時代を生き抜くために必要な心がまえや具体的なメカニズムを、「引き出す力」としてご紹介したいと思います。

さぁ、今こそあなたの中の「引き出し」を開け、その奥に眠っている新しい可能性を引き出しましょう。

引き出す力　もくじ

STEP 1

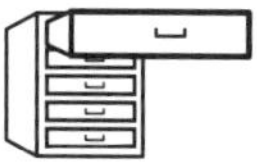

「引き出す力」とは？

STEP2

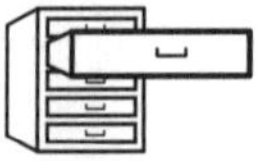

自分の中の「引き出し」を意識する

STEP3

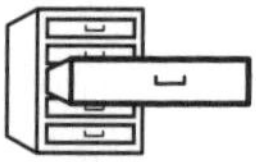

「引き出し」を使ってみる

STEP4

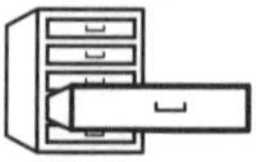

「引き出す」ときの注意点

STEP5

「引き出す力」で引き出される力

STEP 1

「引き出す力」とは?

01 「引き出す力」は、一流の人に共通するキーワード

「今日、マリナーズからヤンキースに移籍します」

２０１２年7月、大リーガーのイチロー選手が、シーズン途中に電撃移籍を発表しました。しかも移籍当日、いきなり初ヒット。その素早さに、誰もが驚いたと思います。

実はこの「まさか」を創り出せる人こそ、僕が思う「引き出し」の開け方が上手な人。イチロー選手は、人生の引き出しを、実にキレイな順番で確実に開けるプロだと思います。

これが別の開け方だと、どうなっていたでしょうか。おそらくシーズン途中で移籍を発表し、移籍自体は来シーズンに行っていたでしょう。そうすると期待値が大きくなりすぎてしまい、いざシーズンが開幕して少しでも成績が悪ければ、ファンの期待を裏切ることになってしまった危険性があります。

そういったリスクを、イチロー選手は「移籍発表当日に移籍し、さらに移籍直後の試合できっちりヒットを打つ」という偉業により回避しました。日本選手にはなかなか見られないあのスピード感こそ、彼の「引き出し」の開け方なのです（ちなみに、背番号が「51」から「31」に変わったことでアイスクリーム屋さんが喜ぶという、おまけの「引き出し」まで開けてしまいましたが）。

では、彼はなぜ、面白いくらいに結果を引き寄せているのでしょうか。

それは、「自分が何者か」を知り、どうすれば結果を残せるかを、ロジックで考えられるからだと思います。これはイチロー選手だけでなく、ビジネス界の重鎮や政治家など、さまざまな分野において「一流」と言われる人すべてに共通する力だと感じています。

しかし、いきなり彼らと同じように結果を出すこと、つまり「引き出しを開けること」は、正直言って至難の業です。しかし、〝今〟始めれば、遅すぎることはありません。その方法を、少しずつお伝えしていきます。

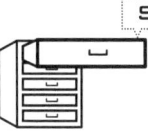

01

「自分は何者か」を
知ろうとすると、
結果は自然と
ついてくる。

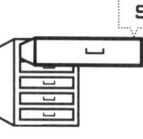

02 誰もがかけがえのない「素材」を持っている

「引き出す」と聞いて、あなたは最初にどんなことを頭に思い浮かべるでしょうか。僕がこの本で「引き出し」たいのは、まさにあなたの中に眠る〝新しい「自分」〟です。

僕はこの世に、素材の悪い人は一人もいないと思っています。単に、素材のよさに気がついていないだけで、本当は開いていない「引き出し」がたくさんあるのです。

たとえば誰かをサポートするのが得意な人がいたとします。もしかするとその人は、「リーダーになれないなんてダメだ」と、ネガティブに思っているかもしれません。しかしそのように思う必要はありません。今の自分を活かす方法を考えてみればいいのです。

商品開発の事例をお話ししましょう。僕は、寝具メーカーの東京西川さんで、CBO（チーフブランディングオフィサー）としてブランディングや商品開発等に携わらせていただいているのですが、東京西川さんは、寝具に使う羽毛一つとっても、徹底して素材の力を「引き出す」努力をされています。

羽毛をそのまま使うのではなく、洗って、乾燥させて、洗って、乾燥させて……という試験を、何十回も、延々と繰り返すそうです。さらにその後、厳選された羽毛を、特別な扇風機を使って飛ばし、規定の距離に届かないものはすべて廃棄します。その他数々の試験を経て得られたごく少量の羽毛だけが、商品に使われるのです。

わざわざそんな試験をしなくても十分使えるものなのに、なぜそこまでするのでしょうか？　それはやはり、素材のよさを極限にまで「引き出す」ことで、さらによい商品になることを知っているからだと思います。

自分のことも、「ダメだ」と思うのではなく、「何かある」と信じてよさを探し続けること。これが、自分の可能性という「引き出し」を開ける第一歩です。

自分には、必ず
「いいところがある」
と思って
自分と向かい合う。

03 「自分」という大局を見据える

大人になるにつれ、「新たな自分」を「引き出す」ことは、だんだん難しくなっていきます。これまでのさまざまな経験が足かせになり、柔軟に物事を考えられなくなるからです。また、体力的な衰えもあり、フットワークが鈍くなってきます。せっかくの「引き出し」が、固まって開かなくなってしまうのです。そうなる前にこそ「引き出す」必要があります。

たとえば何かモノを作るとき、何から考えますか？ そう、「コンセプト」です。「背骨」とも言えるでしょう。これを固めずにディテールから入ることは、まずありません。

自動車メーカーが新しい車を出すとき、いきなりタイヤの素材の話をするでしょうか？ やはり、コンセプトを固めてからプロジェクトが進んでいくはずです。それをせず、細部にばかりとらわれていては、いつまでたっても車が完成することはないでしょう。

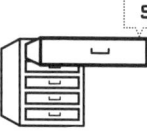

逆に言えば、コンセプトさえ決めてしまえば、あとのディテールという「引き出し」は勝手に開いていくのです。

同じように、自分の能力を「引き出そう」とするとき、あなたはまず何をしますか？

とりあえず新しい服を買ってみる、適職診断をしてみる、何かの資格を取るためにカタログを取り寄せる……。こうしたことを何気なく行っている人は、意外と多いのではないでしょうか。

厳しい言い方ですが、こんなことをしていたら、いつまでたっても新しい自分を「引き出す」ことはできません。「自分は何者か」という全体を見ず、細部にばかり目を奪われていては、「正解がわからないクイズ」を永遠に早押ししているようなものです。

「自分は何が好きで、何をしたいのか」。まずは自分を俯瞰《ふかん》し、自分だけのコンセプトを見つけに行く。こういった姿勢を、できるだけ早い段階から身につけることです。

「自分」という
全体を俯瞰してから、
ディテールへ。

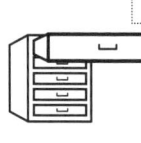

04 開けたい「引き出し」を想像する

全体を見据え、「引き出し」を開ける方法としてオススメしたいのが、短期・中期・長期という「時間軸」を意識しながら、開けたい「引き出し」を想像するということです。

たとえばあなたは、「来年までに昇給したい」という目標を持っていたとします。ところが、すぐさま「昇給」という大きな「引き出し」を開けようとしても、いきなりは開きません。開けるために、半年前から何をすればよいのか、今月は、今週は、今日は、今は……といった具合に、一年先の目標を達成するために必要なことを考えるのです。

また、「昇給」にたどり着く方法としては、取引先との関係を深める、同僚・上司・後輩との信頼関係を築く、社長賞を獲るなど、開けるべきさまざまな「引き出し」がありま す。それぞれの目標に到達するためにも、開けるべき「引き出し」があるでしょう。

このように、時系列ごとに一つずつ開けるべき「引き出し」を考え、その通りに開けていく。つまり行動していくことで、動くべき方向性が明確に見えてきます。

このやり方を頭に叩き込んでおけば、もし間違った「引き出し」を開けてしまったとしても、あわてずに別の「引き出し」を開けることができます。

一方、何も考えることなくメチャクチャに「引き出し」を開けてしまっては、目標を達成できないどころか、余計に混乱し、周囲に迷惑をかけてしまうでしょう。

あのイチロー選手も、基本中の基本である「ボールをバットに当てる」ことからスタートしたはずです。また、現在ビジネスシーンで活躍中の人も、社会人の基本である「あいさつをする」といった基本の「引き出し」からスタートしているのではないでしょうか。

少しずつ、小さい「引き出し」から開けていき、次の「引き出し」を開ける「カギ」を手に入れることで、最後に大きな「引き出し」を開けることができるのです。

04

大きな目標は、小さな目標に分解してから取りかかる。

05 ソーシャルメディアは「引き出し」を開けるためのカギ

僕は、ツイッターなどのソーシャルメディアは自分を「客観視するためのツール」だと思っています。そのため、ふだんからフラットな気持ちで向かい合い、飾らない発言を心がけています。すると、ある程度の発言が貯まったとき、ふと気づくことがあります。

「自分って、こんなとき、こういう考え方をしていたんだ」
「自分って、こんな性格だったんだ」
「自分って、意外とこういうことが向いているかも」

ときには、他人からのコメントやリツイートによって気づかされることもあります。

「自分はこういうつもりで書いたけど、こんな風に受け止められるのか」
「自分と同じ考え方をする人はこんなにいるのか」

一つの自分の意見から、さまざまな意見が集まり、同じ意見を持つ人とつながり、そのことによって、思考の幅が広がります。新しいアイデアが生まれることもあります。まさに、ソーシャルメディアが自分の新しい側面や可能性を「引き出し」てくれるのです。

しかし、中には、ツイッターやフェイスブックで「盛った」コメントを発信している人もいます。人間はどこかで自分を良く見せたい生き物なので、どうしてもコメントに願望や希望が入り込んでしまうのです。ここが、ソーシャルメディアの難しいところです。

正直にコメントすることで、誰かに否定的な意見を言われるのが怖いと思いますか？　しかし、たとえばツイッターで、万が一そのような人がいたときは相手をブロックできます。書く側も、文句を書いたらブロックされることがわかっているので、書くことはしないでしょう。ソーシャルメディア上での基本ルールさえきちんと把握しておけば、恐れず、飾らず発言できるようになり、新しい「引き出し」が開くチャンスが増えます。

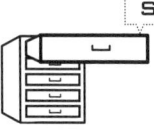

05

飾らない発言が、
新たな「引き出し」を
開ける。

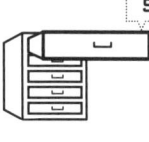

06 「自分をよく見せよう症候群」に気をつけよう

先ほどソーシャルメディア上で「盛った」コメントを発信している人がいるとお伝えしましたが、中にはドキッとした人もいるのではないでしょうか。

たとえばある日、レストランに行き、美味しそうな料理がテーブルに並んだとします。さっそくケータイで写真を撮って、ツイッターやフェイスブックにアップしようとします。しかし、せっかく写真をアップするならどこの店かわかるように撮ろうか、とか、もうちょっといい店に来た風に撮ろうか、とか……いつの間にか料理そっちのけで悩んだ経験がありませんか？

僕からすれば、どうしてそんなことをする必要があるのでしょう、ということなんです。単に「今日は○○にある○○○というイタリアンレストランでランチです。今日は○○を食べました」とシンプルに書けばいいのではないでしょうか。本人は「自然」なつもりでも、「盛る」ことでどんどん「不自然」になっていくことに気づいていないのです。

仕事やプライベートなど、現実の生活が満たされている状態を表現したり、またそういう人を指す「リア充」という言葉がありますが、ソーシャルメディアは本来、そんな「リア充」のためのツールにすぎないと僕は思います。しかし、他人の視線を意識してコメントを取り繕うようになると、「ソーシャル充のためのリアル」という、おかしな現象が発生し始めます。これでは何のためのソーシャルメディアなのかわかりません。

こういったことを防ぐためにも僕は、ブログは5～10分、ツイッターは1分と、書く時間をはっきり「ルール」として決めています。悩みながら文章を書いて「盛る」余地ができるよりも、そのときの素直な感覚をなるべく正確に残した方が、新しい自分が引き出されるからです。これはブログを始めて以来10年間、守り続けています。

「自分をよく見せよう症候群」からは何も生まれません。それどころか、「引き出し」はどんどん閉じられていきます。今すぐ、やめましょう。

ㄩ 06

ソーシャルメディアでは起こったことをシンプルに書く。盛らない。

07 無理に変わろうとしない

あなたは小学生の頃、どんな子だと言われていましたか？　僕はよく「けじめがない」と言われていました。授業中、校庭を見ながら話を聞くなど、「よそ見」が多い子どもでした。しかし僕はそれでいいと思っていましたし、それが自分のよさだと考えていました。

大人になった今も、その考えは変わりません。Aという仕事の打ち合わせをしながらBという仕事のことを考えたり、メールに返信したりしています。

見方を変えれば、「打ち合わせ中に関係ないメール、打たないでくださいよ」と思うかもしれません。でも僕の場合、「よそ見」しながらの方がアイデアを思いつきますし、それが100以上の仕事を同時にこなすという「引き出し」にもつながっているのです。

中には今、周りに可愛がられたいと思っているのにうまくいかず、悩んでいる人もいるかもしれません。しかし、周りに合わせて「可愛がられよう」としても、僕は難しいと思います。時間もかかるでしょう。それであれば、「可愛がられない」というその特性を、合気道のように利用できないか、と考えてみるのです。

合気道では、相手の力や身体を使って技をかけます。それと同じように、「可愛がられない」という〝力〟を、どのように活かせるのかを考えてみるのです。すると、思い切って起業し、一人でビジネスを始めてみるという選択肢が浮かんでくるかもしれません。ビジネスシーンで「可愛がられる人」がどういう人なのかわかれば、ネットで、可愛がられる人になる方法について記事を書いてみるとか、選択肢はいくらでもあると思います。このように考えていく過程で、あなたの新たな〝可能性〟が引き出されていくわけです。

無理をして自分を変えるのがよしと思われがちですが、僕が伝えたいのは、その逆です。「今ある素材を活かして、どう新たな『引き出し』を開けるか」ということが、「引き出す力」につながってくるのです。

今の自分を
活かせる方法を
考えてみる。

08 「自分」に向かい合った数だけ「引き出し」は開く

あなたは、「自分はこういうタイプの人間だから」と決めつけて、自分の可能性を掘り下げるのをやめていませんか。このようなことを繰り返していたら、いつまでたっても「ステレオタイプな自分」しか引き出すことはできないでしょう。自分の新たな「引き出し」は、「自分」の内面と真剣に、本気で向かい合った人だけが開けることができるのです。

たとえば僕は健康のため、5年前からランニングを始めました。以来、毎日必ず5㎞走ることに決めています。しかし初めて10㎞走ったとき、「これでもか」というくらい、「自分」と向かい合うことになりました。

「なぜこんなに辛いのだろう」
「そもそもなぜ走ろうと思ったのだろう」

必死で走っていると、さまざまな問いかけが次々と頭に浮かんできました。今思えば、苦しかったたです。しかし、10㎞走るという「引き出し」を開けようと決めたのはまぎれもない「自分」です。逃げ出さずに向かい合った結果、僕は徐々に自分の感覚が研ぎ澄まされていくのを感じました。そのまま走り続けるうちに、「次は足首に重点を置いて走ってみよう」「次は腹筋を意識してみよう」という風に、身体への負担をあちこちに分散させることで、また新たな「引き出し」を開けることができました。結果、いつの間にかフルマラソンに出場できるだけの体力と持久力を身につけることができたのです。

決して脅かしたり、自慢したりするわけではありませんが、このように真剣に向かい合わない限り、「自分」というものは見えてきません。なぜならこの世の中には莫大な情報量と選択肢があり、だらしなく生きようと思えば、いくらでも生きることができるからです。

「引き出し」を開けるのは「環境」でも「他人」でもありません。他ならぬ「自分」だということを心に留めておいてください。

08

「引き出し」を
開けるのは、
誰でもない「自分」。

09
実は10年前からはじまっていた「引き出す力」

さて、これでSTEP1もおしまいです。自分に向かい合う覚悟はできましたか？
実は10年前の2002年、僕は『「自分プロデュース」術』（PHP文庫）という本を出版しました。これはまさに今回の『引き出す力』の原点とも言える本で、ビジネスパーソンだけでなく、新人タレントさんが事務所のマネージャーから渡されて読んだそうです。

確かに芸能人は、自分で自分をプロデュースする職業の最たるものです。毎年多くの新人がデビューする中、常に「自分が何者か」を意識し、高めていかなければ、生き残ることなどできないでしょう。著名な人ほど、セルフプロデュースが確立されています。

「でも、自分は会社員だし、芸能人やスポーツ選手じゃないから大丈夫でしょ」

これまでは、それでよかったのです。しかし「はじめに」でも書いた通り、今はそのような生易しいことを言っている段階ではありません。国の経済が下降し、大企業でさえいつ業績が悪化するかわからない時代に入っています。ソーシャルメディアという、誰もが使える〝武器〟を使って積極的に自分の魅力を発信し、会社の看板やブランドに頼らない働き方をしなければ、取り返しのつかない段階まできているのです。

しかし、最近フェイスブックデビューをした人は、ビジネスホテルにあるシャワーの温度調節にたとえたらわかりやすいと思いますが、ネット上での湯加減の調節に慣れていません。慣れない人が、お湯と水の蛇口をバランスよくひねることができず、熱湯や冷水を出してしまって苦戦するように、ネットもシャワーも、適温のお湯を出すためにはコツが必要です。僕も、ブログを始めて10年たってはじめて、ちょうどいい温度のお湯を出せるようになりました。その経験が今、企業などとコラボすることによって引き出され、大いに役立っています。

では、どうすればちょうどいい湯加減を実現できるのでしょうか。STEP2以降、少しずつお伝えしていきたいと思います。

09

ソーシャルメディアという〝武器〟を使って、自分の可能性を引き出そう。

STEP 2

自分の中の「引き出し」を意識する

10 自分のイメージを、捨てよう

あなたはいわゆる「何キャラ」ですか?

仮にあなたが「自分はクールキャラだ」と答えたとします。疑うわけではありませんが、はたして本当にそうでしょうか。試しに、付き合いの長い友人に尋ねてみてください。「天然キャラじゃない?」など、想像とは正反対の答が返ってくる可能性があります。「そんなことないだろう」と、あなたは否定するかもしれませんね。

実はこの中に、「引き出す力」の大きなヒントが隠されているのです。

人間は誰しも、「自分」をよく見せようとするものです。僕も1%くらいはそういう気持ちがあります(笑)。しかしこのとき、「天然キャラ」という他人からのフラットな評価を素直に受け入れることができれば、それこそがまさに「自分」が「引き出された」瞬間と言えるのです。

そうなれば、あとは早いです。あなたが勝手に思い込み、勝手に作り上げてしまっていた自分のイメージをすぐに捨てましょう。そして、他人が見る自分のイメージから遠い行動を〝あえて〟取ってみるのです。

「天然なわりに仕事をキチッとこなす」「天然なわりに礼儀正しい」「天然なわりに心くばりができる」……。

イメージから遠ければ遠いほど大きなギャップが生まれ、あなたというキャラクターがますます相手の記憶に残っていきます。いわば、特別なことをしなくても、あなたの新しい「引き出し」が勝手に開いていくのです。

他人の評価を真っ向から否定せず、まずは受け入れる。そしてその評価を利用して、自分の新しい魅力を「引き出す」。これぞまさに、「引き出す力」の真骨頂と言えます。

10

他人の「自分像」は
否定せず、
まずは受け止める。

11 「むき身」になることを恐れない

今の自分に何が足りなくて、何が足りているのか。自分が持っている「引き出し」の中をのぞき込んでも、なかなかすぐには見つからないものです。

そんなときは恐れず「むき身」になってほしいと思います。自分にかぶさっている殻をむいた状態で、他人からフラットに評価してもらってはじめて、自分の中の新しい「引き出し」が開き始めるからです。そして、自分というものがなんとなくでもわかったら、頭の中に浮かぶ、ふとした疑問に耳を傾けてみましょう。

仮に、あなたは「几帳面」で、こうと決めたことをなかなか譲らない面を持っていたとします。一方で、「字が汚い」という特徴も持っていたとします。そこから導き出されるのは、「意外と書道に向いているかもしれない」という、新しい「自分」です。

書道では、文字を書く前に、墨をすります。几帳面であれば、上手に墨をすることができる可能性も高いでしょう。そのため、たとえふだんは字が汚くても、書道であれば意外ときれいに書けるのでは、と考えることもできます。


「書道を習ってみようか」

「ところで自分は今、何歳だ？」「いや、年齢は関係ないだろう」

「とにかく1回、真剣にやってみようか」

「じゃあ道具を買いに行こう」「買っても継続するか？」

「それなら書道教室にでも通おうか」「個人レッスンはあるのだろうか？」……


どうですか？　こんな風に自問自答するだけでも、実にたくさんの「引き出し」が開いていることを実感してもらえると思います。

よく「『筋』がいい」という言葉を聞きますが、「引き出し力」はその「筋」を見極める力でもあります。「引き出し」を開けるという自問自答を繰り返すことで自分の持つ「筋」を見極め、進むべき「道」を見つける――。すべては、自分が「むき身」になれるかどうかにかかっていると言ってもよいでしょう。

11

むき身になって
自問自答し続けると、
進むべき「道」が
見つかる。

12 周囲に流されない

小学2年生の頃、僕は足がそんなに速くないことに気づきました。クラスのほとんどの男子が「自分が一番速い」と自慢していたのにもかかわらず、です。自慢すること自体は子どもらしく、無邪気でよいのですが、当時の自分は、順位をつける以上、全員が一番になれるわけがないと思っていました。今思えば、冷めた子どもですよね（笑）。

小学生ともなると、体力の差が出てきます。僕は周りの自慢の声をよそに、クラス全体を見渡しては「A君は足が速い」「B君よりは自分の方が速い」と、「足の速さ」という「引き出し」を整理していました。

そして、「では、自分は何が得意なのだろう」と自分に向かい合い、考え続けました。すると、気がつくといつも、学芸会やお楽しみ会といったイベントで出し物の内容やお菓子のセレクト、出演順まで、すべて決めていることがわかりました。僕が順番を決めると、なぜか他の人が考えるよりもスムーズに進行していたのです。そういった才能を認めてくれたのか、先生も、催し物があるたびに僕のことを指名し、仕事を任せてくれました。

僕が得意なことはかけっこではなく、まさに「物事を催すこと」だったのです。

こうして自分の中の「引き出し」を見つけた僕は、これが「自分」だと確信しました。

そして今度はそこから先、この「引き出し」が学校生活でどう役に立つのか、将来大人になったときにどういう意味を持つのか、自分はこの「引き出し」をどう武器にすればいいのか、そしてこの「引き出し」ではたして食べていけるのか、と考え続けました。結果それが今、企画やプロデュースという仕事の「引き出し」につながっています。

周囲に流されず、自分を冷静に客観視し続けることで一つの「引き出し」が開き、そこから次々と新しい「引き出し」が開いていくのです。

周りは気にせず、
自分を「客観視」する
時間を持つ。

13 常にフラットでいる

２０１２年の夏、日本中が盛り上がったロンドンオリンピック。男子体操・個人総合では見事、日本のエース・内村航平選手が金メダルを獲得しました。しかし、その前の団体総合では、残念ながら金メダルを逃してしまいました。

競技後、内村選手はインタビューで、オリンピック会場に「魔物がいた」と語っています。おそらく人は、「ここは特別だ」と思った途端、「１２０％の力を出さないといけない！」と思い込んでしまうのではないでしょうか。結果、「あがる」という現象が発生してしまいます。

自分の中の「フラットな感覚」を崩した瞬間、あれだけ技の「引き出し」を持っているはずの内村選手でさえ「引き出し」を閉めてしまいました。閉めたというよりは、恐らく「引き出し」の取っ手に手が届かず、つかむことすらできなかったのでしょう。緊張したことで、尋常でないプレッシャーを、いつの間にか精神にも肉体にも感じてしまったのです。

逆に、「80%くらいでいいだろう」とリラックスして競技に臨んだ選手の方が、意外と結果を残しています。失礼ですが、「注目されていない強み」とでも言いましょうか、余計なプレッシャーを感じない分、目の前の演技に集中でき、それが好成績につながっていたりします。特に、オリンピックほどの大舞台ともなると、それが顕著な気がします。

ではどうしたら余計なプレッシャーを感じず、常にフラットでいられるのでしょうか。それは、自分の横にもう一人のコーチを立てて、対話することだと思います。恐らく、内村選手もすぐさま気持ちをフラットに切り替えたに違いありません。

「おまえ今、いいところ見せようとしてない?」「うん、確かに」「落ち着いていこうぜ」といった具合に、自分で自分に語りかけ、自分の心理状況を知る。「焦っているな」という自分を冷静に見つめ直すことで、本来の自分を取り戻すことができるのです。

山 13

余計なプレッシャーを
感じたら、
「もう一人の自分」と
対話しよう。

14 演じようとしない

自分より目上の人や有名な人にお会いするとき、緊張するという人も少なくないと思います。では、なぜ緊張するのでしょうか。僕はそこに、「こんな風に見てほしい」という、〝理想の自分像〟を演じようとする気持ちがあるからではないかと思います。

仮に、自分の理想像を演じ続けるとしましょう。演じるのですから、そこに「自分」というものはありません。すべて〝空想〟です。自分にないものを演じることで、果たして本当の自分は見えてくるでしょうか。きっと見えてこないと思います。

生きるということが、〝新しい自分を引き出し続けるための旅〟だとしたら、やはり本当の自分を出した方が緊張もしなくて済みますし、今までにない「引き出し」を得られるのではないでしょうか。

もちろん、ふだんの生活においては、つい演じなければならない場面があることも否めません。僕も、あります。ついこの間も、知り合いから頼まれて、ある夫婦にコメントすることになりました。しかし、相手のことは、名前すらわかりません。なぜ僕がコメントしなければならないのかも、不明です。そのため僕は、ビデオに向かって本当のことを言いました。「なぜ僕がこのメッセージビデオを撮られているのでしょうか（笑）」と。

「お幸せに！」と言ってお茶を濁せたのかもしれませんが、そこで嘘を言ってしまっては、嘘が嘘を呼び、嘘だらけになってしまいます。そのため、自分に嘘をつかず、本当のことを言いました。さながら真っ白い服でないと汚れに気がつかないように、引き出されやすい自分であり続けるためには、まっさらな状態でいることが必要だと思うのです。

これは、相手が誰であろうと変わりません。最低限の敬意は払いつつも、〝素の自分〟を出す姿勢が緊張を解き、新たな「引き出し」を手に入れるカギだと思っています。

14

演じない姿勢が、
新たな「引き出し」の
カギを開ける。

15 自分で「自分」を認める

そもそも自分と向かい合うことは、とても面倒くさいことです。時間も、体力も、精神力も必要ですし、何より、身も蓋もない言い方かもしれませんが、あえてそんなことをしなくても十分生きていけるからです。自分の嫌なところを見つけて一喜一憂するよりも、気の合う仲間と酒でも飲んで憂さを晴らし、寝て忘れてしまった方がはるかに楽です。

しかし、人は、目立ちたくないと思う一方で、心のどこかで「誰かに自分を見てほしい」「自分を認めてほしい」という矛盾を抱えています。そういった自分を認めてもらうためには、自分がまず自分と向かい合い、どういう人間なのかを認識しなくてはいけません。そしてそれは、自分の「引き出し」を開けるために欠かせない、大切な作業なのです。

老舗寝具メーカー・東京西川さんの「眠りと寝具に関する調査」（2011年2月）によると、今の睡眠に不満を持っている人は、実に7割近くもいるそうです。

「なぜか最近よく眠れない。これはベッドのせいではないのだろうか?」

たとえばそんな漠然とした悩みを抱えていながらも、手を打つことなく、長年同じベッドを使っている人もいると思います。ベッドに向かい合うことで、快適な眠りや健康が手に入る可能性もあるのに、多くの人がそのまま何もせずに過ごしているのです。

僕はこの話を聞いたとき、ベッドをそのまま会社や仕事に置き換えられると思いました。

「今、働いている会社は、本当に合っているのだろうか?」

今の環境や仕事に何かしらの不満や悩みがあるなら、「自分」と徹底的に向かい合ってみるべきではないでしょうか。目の前の仕事が、最も適性からかけ離れているかもしれません。本来開いているはずのあなたの「引き出し」も、閉じられている可能性があります。

15

自分を〝認める〟ことで「引き出し」が開く。

16 「短所」こそチャンス

長所や短所に向かい合うとき、誰でも長所の方に向かい合いたくなるのは当然のことです。

しかし、長所の中には、自分がいつの間にかそう思い込んでいるだけで、根拠があやふやなものも少なくないはずです。むしろきちんと向かい合わず、それが長所だと過信していると、痛い目に遭う危険性も大いにあるのです。

たとえば、自分の長所として「やればできる」を掲げている人がいたとします。しかしそれはいつの経験を根拠としているのでしょうか？　意地悪を言うつもりはありませんが、小学生の頃の経験をもとに思い込んでいるということはありませんか。「やればできた」経験と同じくらい、「やってもできなかった」経験もあるはずです。そこに着目せず、いつの間にか都合のいいように「長所」としてインプットされている場合もあるのです。

それに比べて、短所は他人から指摘されると耳が痛く、できれば何度も向かい合いたくありません。ついつい「引き出し」の奥に遠ざけてしまいがちです。

しかし、「引き出し力」の観点から見ると、短所は実に魅力的なキーワードです。なぜなら、ついつい自分を甘く評価してしまいがちな長所よりも、冷静な視点から導き出された短所の方が、新しい自分の「引き出し」甲斐があるからです。

自分の短所とまったく逆の価値観となる行動をしていけば、気づかなかった「引き出し」が自ずと開き、「新しい自分」がどんどん引き出されていくことでしょう。

根拠の曖昧な長所だけを「引き出し」の中で大事にするのではなく、あまり掘り下げたくない短所といかに向かい合えるかが、「引き出し力」ではとても重要なのです。

このように思えば、上司や同僚からの歯に衣着せぬ指摘も、実はあなたの持つ新しい「引き出し」を開けるきっかけを与えてくれていると思いませんか？

「短所」は、「新しい自分」を引き出すキーワード。

17 「自分マニュアル」を作ってハプニングに備える

たとえるなら自分とは、まさにパソコンのようなものです。箱から出してそのまま起動しただけでは、バージョンアップもカスタマイズもできません。手当たり次第にソフトを詰め込んではハードディスクがパンクしてしまいますし、最終的には壊れてしまいます。

あなたもきっと、パソコンの調子が悪かったら、何らかの対処をしますよね。毎日のように使っているならなおさら、「まぁ、いいか」とは見過ごせないはずです。

このことは、そのまま自分にも当てはめることができます。
自分をパソコンに置き換えて考えたとき、重要になってくるのが「マニュアル」です。

「やる気をアップさせるときは、こうすればいい」
「自分がこういう危機に陥ったら、こういう風に回避すればいい」

このように、自分の注意点を列挙した「自分マニュアル」を作成しておくことによって、ハプニングやトラブルの際、いつでも立ち返って冷静に考えることができます。結果、今まで気づかなかった「引き出し」が開き、新しい能力が引き出されるのです。

反対に、自分というものを知ったつもりになって間違った使い方をしていては、新しい「引き出し」は開きませんし、いつまでたっても能力は「引き出され」ません。

中には、マニュアルを見ずにパソコンなどの機器を動かせる人もいます。しかしそれはあくまでその人に限った話であり、すべての人に有効な手段だとは思いません。もしかするとその人は、マニュアルの中にある大事なページを見逃しているかもしれません。

自分の力を「引き出す」には、「AというB理由でBという力が引き出される」という「ロジック」が必要不可欠です。そのロジックを導き出すためにも「自分マニュアル」が大切になってくるのです。

ム 17

ハプニングには、「自分マニュアル」が効く。

18 わからないことは素直に聞く

僕は打ち合わせなどのとき、わからない言葉や疑問が浮かんできたら、即座に「自分検索」し、それでもわからなければ相手に尋ねるようにしています。というより、反射的に質問が出てきます。

なぜかというと、わからないことをわからないままにしておくことが、「引き出し」を開けるうえで非常に邪魔になるということを知っているからです。

たとえば「ニューヨーク」と聞いて、どんな光景をイメージするでしょうか？　自由の女神を思い浮かべる人もいれば、セントラル・パークを思い浮かべる人もいると思います。そこをはっきりさせずに話を進めると、お互いに開けたはずの「引き出し」が違っていた、ということになりかねません。

そんなとき僕は、「僕の頭に浮かんだニューヨークの光景は○○ですが、あなたの頭に浮かんだニューヨークはどんな光景ですか？」と尋ねます。すると、聞かれた人は自分にとってのニューヨークを答えます。そうすることで双方のニューヨークのイメージを確認できますし、自分がまだ知らない「ニューヨーク」を知ることができるかもしれません。

このように、「引き出し」のカギを開けるのは基本的に自分ですが、他の人からの何気ないひと言がきっかけで新たな「引き出し」が開く可能性もあります。

ほんの少しの知識と情報だけで、「引き出し」の中身を決めつけていたら、その時点で新しい「引き出し」が開く可能性は固く閉ざされてしまうでしょう。多少図々しいかもしれませんが、「何事も教えてもらう」という謙虚な気持ちで相手に尋ねるようにするのです。

あなたも、わからないことや知りたいことをそのままにせず、即座に「自分検索」をすることをおすすめします。そうすることによって自分の知識の「棚卸し」にもなり、おのずと「引き出し」も開きやすくなるのです。

わからないことは
「何事も教えてもらう」
気持ちで
相手に尋ねる。

19　時間を無駄にしない

前ページで「わからないことは聞く」とお伝えしましたが、僕が数々の仕事を通じて感じるのは、わからないことを素直に聞く人の方が、新しい「引き出し」を開けるチャンスが多いということです。知的好奇心を持って仕事に向かうので、成長するスピードも速いですし、聞くかどうかを迷う時間も短縮できるので、時間を無駄にしなくて済みます。

たとえばビジネスシーンでよく、「アジェンダ」「ガジェット」といった、さまざまな英単語が飛び交うことがあると思います。しかし、そういった言葉を聞いてわからないことは自分でも理解しているのに、「ここで質問すると会話が途切れるから……」とか「え？　それも知らないの？」と言われるのが怖くて、流していたりしませんか？　しかし、思い切って聞いてみると、逆に「（説明しなくて）すみません」と言われることの方が多かったりします。

質問して相手の意図を理解したことによって、「実は私の知っている世界でも○○と似た現象がありまして……」といった具合に、話の輪を広げていくことができます。相手の投げかけた話題をきっかけに、思いもよらない発言ができたり、新しい「引き出し」が開く瞬間があり、理解度がますます深まっていきます。

よく東急ハンズなどで、ほしいものを自力で探そうとする人がいますが、僕はこれも同じことが言えると思います。買いたい物が決まっていないのならともかく、決まっているのなら、「タオル、どこですか?」と、スタッフの人に聞いた方が早いと思いませんか?そうすれば、欲しいものがすぐ手に入りますし、迷う時間も節約できます。

「聞くは一時の恥」と、昔の人は本当によく言ったものです。わからないことは勇気を出して相手に尋ねることで、思いがけない自分の「引き出し」を開ける、小さいけれども非常に大きな「カギ」となります。「あとで」と後回しにせず、そのつどキチンと意味を知り、理解していった方が、結果的に「引き出し」はたくさん開いていくのです。

ロ 19

わからないことは、
そのつど聞く。
後回しにしない。

20 自分に取り調べを行う

「引き出し」を作るために必要な方法の一つ、それは、「引き出し」を開ける前に「自分プロファイリング」をすることです。

具体的にはまず、自分の「短所」と「長所」を最低10個ずつ、ノートに書き出します。箇条書きでも文章でも、どんな風に書いても構いません。思っていることを素直に書くことで、どんな人でも「自分」というものが、イヤでも浮かび上がってくることでしょう。フレーズが浮かんだら、書き出した言葉を組み合わせ、深く掘り下げていきます。

短所「仕事に取りかかるのが遅い」＋長所「約束や締切は守る方だ」
＝「帳尻を合わせるのがうまい」

短所「何事もすぐに飽きてしまう」＋長所「流行りモノに敏感である」

＝「常に最新情報を入手することができる」

いかがですか。これまで考えもしなかったような新しい「引き出し」が浮かび上がってきたのではないでしょうか。「新しい自分」はこのようにして発見されます。

ちなみにこれは、「長所」だけでは成立しません。自分にとって耳の痛い「短所」もリストアップしてこその「引き出し」であることをくれぐれも忘れないでください。

ふだん、他人の分析は行っていても、自分のことはなかなかやろうとはしないと思います。だからこそ「自分プロファイリング」は意味があるのです。

会社や仕事を通じて抱いた疑問や浮かんだ悩みを今一度、自分が凹むくらいとことん突き詰めてみましょう。「自分」に甘く、「他人」に厳しくては「引き出し」は開きません。刑事の取り調べのように厳しく、徹底的に「自分」と向かい合ってみるのです。

刑事の取り調べのように、
自分と向かい合う。

21 自分にツッコミを入れてみる

冷静で客観的な視線を持った「もう一人の自分」を使って、どれだけ「自分」に本気でツッコミを入れられるか。これは「引き出し」を開けるために欠かせない作業の一つです。

僕はこれを「自分コーチング」と呼んでいます。

大リーガーのイチロー選手もダルビッシュ選手も試合中、おそらく彼らにしか見えない「もう一人の自分」がそばに立ち、的確なアドバイスを送っているのではないでしょうか。

「あと○cm、下がって打ってみようか」
「次の球はもう少し肘を下げて投げてみたらどう?」

もちろん、これはあくまでも僕の想像ですし、本当のところはわかりません。しかし、「『引き出す力』は一流の人に共通するキーワード」でも述べましたが、トップアスリートである彼らの場合、「自分」という「素材」を常に冷静に見つつ、分析しています。そして、さまざまな観点から「自分」を把握しているのです。

「目標のためにはどのようなスキルが必要なのか」
「より長く現役でいるためにはどうしたらよいのか、何をすればよいのか」
彼らの頭の中では、このような考えがぐるぐる回っているのではないでしょうか。

荒療治ですが、思い切って1日、会社を休んでみるのもいいかもしれません。思っている以上に会社では何事もなく、1日があっという間に過ぎていくことでしょう。そこから気づくことがたくさんあるはずです。これこそまさに、究極の「自分ツッコミ」なのです。

ヒント 21

今の自分に満足していないか、ツッコミを入れてみよう。

22 とにかく一歩、踏み出してみる

「石橋をたたいて渡る」ということわざがあります。非常に慎重に物事を進める意味ですが、ふだん仕事をしていると、あまりにも石橋をたたきすぎて、向こう岸に渡る前に壊してしまっている人によく出会います。

「はじめに」でもお伝えしましたが、あなたは、「自分はこの仕事に向いていない」などと、行動する前から勝手に決めつけていませんか？ それでは「新しい自分」「新しい引き出し」に出会うことなど、できるはずがありません。打席に立って、経験を積んでみないことには、自分に合っているかどうかを判断することはできないのではないでしょうか。

あのイチロー選手でさえ平均打率が3割なので、10打席中7割は凡退していることになります。しかしその凡退という事実があるからこそ、「今度はこんな風に打ってみよう」という風に、次回ヒットを打つために様々な角度から工夫することができるのです。

たとえば僕は、ベビーカーのデザインを手掛けたことがあります。たまたま子どもが産まれてベビーカーに携わることになったのですが、そのことによって、これまで開いていなかった「引き出し」が開き始めました。同様に、企業ブランディングを手がけたときには、新しい「引き出し」が開きました。新しい仕事に関わることで、これまでにない「引き出し」という可能性に出会うことができるのです。

また、読者の中には、「インドア派」の人もいるかと思います。バーベキューやキャンプに行ってみないかと誘われたとき、どんな風に答えていますか。「キャンプ？　まさか行かないよ」と言ってせっかくの引き出しを閉めてしまっていませんか？　そういう人に限って、実はキャンプに行った経験がなかったりします。

見たことのないもの、経験したことのないことを「できない」と決めつける前に、まず一度やってみる。それが、自分の新たな引き出しを開けることにつながります。

まずやってみて、
それから
向き・不向きを
考える。

23 ときには、自分は「できる」と思い込む

ここまで、自分と向かい合ってみて、いかがですか。いろいろな感想を持つ人がいると思います。しかし、前ページに書いたように、ある程度考えたら、まず一歩を踏み出してみることが大切です。新しい「引き出し」は、その一歩からはじまります。

僕は小学生のときに「物事を催すのが得意だ」と気づいて以来、この能力がどうしたら活かせるのかを考え続けました。そして20歳を迎えたとき、テレビ番組の放送作家オーディションに応募したわけです。

応募者数は4000人超。当然、誰でも受かるオーディションではありません。しかし僕には当時、「自分しかいない」という、根拠のない自信がありました。その気合いがあったからこそ受かったのだと思いますし、今、仕事ができているのだと思います。あのとき応募していなかったら、今の自分があるかどうかなんて、わかりません。

一つひとつの引き出しに、「これがAという引き出しに入っている理由は○○だからだ」「この内容は○○という理由からBに入っている」と、全部根拠をつけられればいいですし、それは強い武器になりますが、それは、野球選手で言うと10打数10安打のようなもの。現実にはほぼ不可能ですし、かなりキツい作業になると思います。

それよりは、ある程度前の自分に比べて「よし」と思った時点で動いてみる方が、新たな「引き出し」を引き寄せるチャンスが増えると思うのです。

そういったときにあなたを後押しするのが、根拠なき自信です。ときには、一歩踏み出そうとするときこそ「できる」と思い込んでみましょう。

人生、やらないことだらけです。自分に何が向いているのかを見極め、やったことのないことにチャレンジしていく方が、新しい「引き出し」を引き寄せると思いませんか?

23

根拠のない自信が、「新しい自分」を引き寄せる。

STEP3

「引き出し」を使ってみる

24 「引き出し」を整理する

あなたは、せっかく思いついたアイデアや大事な記憶を「引き出し」の奥の方にしまい込んでしまい、肝心なときになかなか出せなかったという経験がありませんか？
そんなとき、どうするか。簡単です。引き出しを、整理すればよいのです。

日々起こるさまざまな物事の中に「共通点」を探し出し、あたかも書類を整理するようにファイリングすることで、「引き出し」の中身をすぐに取り出すことができるようになります。すると、また関連する別の「引き出し」を即座に開けることが可能になり、より「引き出し」を有効に使うことができるのです。

ポイントは、「あるある探し」。つまり「共通点探し」です。

たとえば、「甘栗むいちゃいました」と「カルピスウォーター」と「池上彰さん」。一見、何の共通点もないように見えますが、この3つは「ひと手間プラス」というキーワードでつながっています。「甘栗をむく」「カルピスを水で割る」「ニュースをわかりやすく解説する」。いずれも従来あったものに「ひと手間プラス」することで新しい価値を生み出しており、僕の中では同じ「引き出し」の中に入っているのです。

もう一つのポイントは、リアルの「引き出し」をイメージすることです。机でもタンスでもどんなものでもいいので、身近にある「引き出し」を思い浮かべましょう。そうすることで、知識やアイデアがより一層、引き出しやすくなります。

また僕のブログでは、異なる2つのモノや人、出来事をブログの前半と後半に分けて語っています。2つのテーマがそれぞれのたとえになることで、後から読み返したとき、自分の考えがよりクリアに頭に浮かび、引き出しやすくなります。

一人ひとり整理の仕方が違うように、これにも決まったスタイルはありません。ぜひ、自分なりの方法で「引き出し」を整理してみてください。

「あるある探し」で「引き出し」の中をスッキリ整理！

25 想像力を働かせる

引き出しを整理したら、次は中身を取り出しやすくするといいと思います。

僕は旅行で海外に行くと、必ずと言っていいほど大規模スーパーマーケットに足を運んで、メチャクチャたくさん買い物をします。その後、カートいっぱいに積んだ荷物を車の荷台に乗せる際、真っ先に考えるのは、積んだ荷物を「引き出す」ときのことです。

「どうやったら荷物を取り出すときにスムーズか？」と想像し、荷台に載せるのです。

これが「引き出し力」初心者の場合、後のことをまったく考えず、「荷物を入れること」を最優先にしてしまいます。結果、ミネラルウォーターなどの重いものを奥の方に入れてしまい、手前の方にスナック菓子を入れたりして、引き出すときに相当苦労するのです。

頭の中の「引き出し」にも、これとまったく同じことが当てはまります。すぐに使いそうなものや大事なものを「引き出し」の手前に置いておけば、いざというときすぐに取り出すことができます。大事だからといって奥の方にしまいすぎて、取り出しにくくなってしまっては意味がありません。

ちなみに、僕の頭の中の「引き出し」のイメージは、「銀行の貸金庫の引き出し」です。頑丈でフタが付いていて、細長くて奥行きがあって、それをガーッと引っ張り出してフタを開け、必要な「記憶」や「アイデア」を取り出し、再びガチャッとカギをかけてしまう。それが無数にあると想像してください。

ふだんから自分の「引き出し」を想像しておくことで、スムーズに取り出す方法を考えるようになり、「引き出し」の整理が上手になります。すると、自動的に「たとえ力」「質問力」「要するに力」「コメント力」も向上していきます。ひいてはそれが「営業力」「プレゼン力」「企画力」向上にもつながり、さらなる「自分」が引き出されることでしょう。「引き出す力」の効能については、STEP5で詳しくお伝えしていきます。

しまう 25

「引き出し」にしまうときは、取り出す際のことをイメージする。

26 ソーシャルメディアにはフラットな姿勢で向かう

定期的に振り返る作業が欠かせないのが、ソーシャルメディア上での投稿です。ツイッターやフェイスブックに慣れていない〝ネット初心者〟が続々と投稿し、いきなり自分のプライベートの「引き出し」を開けっぱなしにしたら、どうなるでしょうか?

たとえば、付き合い始めて間もないカップルが、お互いの行動や恋愛の履歴を、ツイッターやフェイスブックで見るとします。すると、「この間『忙しくて会えない』と言っていたのに、友だちと飲んでいたんだ」など、次々といろいろな事実がわかってきます。

これでは、見なくていいものを見ることになりかねません。

このまま行くと数年後、とんでもない混乱が起こると僕は危惧《きぐ》しています。2012年2月、アメリカでフェイスブックの友だち認証をめぐって殺人事件が起こったように、日本でも同様の事件が起こるかもしれません。

それに比べて、芸能人は他人の目線に人一倍気を遣って生活しています。ソーシャルメディアにおいても、「書くのはここまで」など、裏ではかなり繊細かつ慎重にふるまっています。しかし、初心者の人には、そのさじ加減がまだわからないのです。

わからないがゆえに、無防備に「引き出し」を全開にしてしまうわけです。しかし、いきなり自分の「引き出し」を全部開けてしまったら、それは開けていないことと同じです。誰もが自分に注目していると錯覚し、自分の行為が後々どういった影響を及ぼすのか考えられなくなってしまうというわけなのです。このことを僕は、「一億総タレント化」ではなく、「一億総タレントか？」現象と呼んでいます。

この状況を打破するためにも、ソーシャルメディア上で発言する際には、「そもそも自分がなぜソーシャルメディアを始めたのか」「この内容を書いて問題ないのか」など、折にふれ、フラットな姿勢で、目的と理由をしっかり見つめ直しましょう。

26

ソーシャルメディアで発言する際は、書く目的と理由をしっかり見つめ直す。

27

結果から逆算して「引き出す」

僕はふだんから物事を「結果」からさかのぼって考え、行動するクセが身についています。テレビのバラエティー番組や生放送のラジオ番組の司会、講演会やイベント、書籍の執筆など、さまざまな制約の中で仕事する機会が多いからです。

たとえば講演会の場合だと、2時間という講演時間の中で、「この話が盛り上がったからもう少し時間を割いて話そう、その分、あの話を少し削ろう」「最後の15分間は質疑応答のために残しておこう」などと、すべて「逆算」しながら自分の行動を引き出しています。テレビ番組においても制限時間を設けるケースが多く、そのことによって出演者の人間性や予想外な行動が「引き出される」瞬間も、目の当たりにしてきました。

極端なことを言ってしまえば、人間、最後は「死」に行きつくわけであり、すべての行為はそこからの「逆算」によって決まるといってもよいでしょう。なぜなら、「死」という結末を迎えない人間など、この世にはいないからです。

そのようにして考えると、人生において、自分の子どもとふれ合う時間はとても短いことがわかります。僕には2歳になる娘がいますが、今、一緒に遊ぶのが楽しくて仕方がありません。しかし小学生になると、自分もそうだったように、友だちと一緒に遊ぶことが面白くなるときがやってきます。中学生にもなれば、親を面倒だと感じることも増えるでしょう。彼氏ができたあかつきには、もはや親どころではなくなります。

今は「パパと寝る」と甘えていても、20歳にもなればそれはないでしょう。それは寂しいというよりも、自然なことなのです。そう考えると、彼女と今のように過ごす時間も、実質8~12年。娘と過ごす時間を「逆算」することで、今が〝かけがえのない時間〟であることが引き出せます。

「家族サービス」という陳腐な言葉がありますが、終わりを迎えるそのときから「引き算」をしていけば、〝今〟この瞬間がどれだけ貴重か、理解できるのではないでしょうか。

␣ 27

逆算すると、
〝今〟この瞬間が
貴重なことに気づく。

28 「引き出し」の中身を決めつけない

「おちさん、今は車なんてレンタカーで充分ですよ」

ある日僕は、自分より若い世代の人からこう言われました。確かに言われてみるとそうかもしれません。交通事情があまり良くなく、すぐに渋滞が起こり、駐車場料金も割高な都内に暮らしていたら、わざわざマイカーを持っていてもあまりメリットは感じられないでしょう。それを裏づけるように、近年ではカーシェアリングというビジネスも流行っており、特に若い世代における「マイカー離れ」は急速に増えています。

ところが、その人に「じゃあ、一度でもマイカーを持ったことがあるの？」と聞いたところ、「いいえ、ありません」という答が返ってきたのです。

駐車場代、ガソリン代、車検代などの維持費がバカにならない。渋滞に巻き込まれて大事な約束に遅れ、ビジネスチャンスを逃した経験もある。だったらいっそのことレンタカーでもいいのではないか――。このような経験から導かれた結論ならともかく、一度もマイカーを持ったことがないのに、「持ったことがある」という「既視感」に基づいてマイカーについて語るのはいかがなものでしょう。これではせっかくの「引き出し」も開きません。

もちろん、マイカーを持つ・持たないは個人の自由ですし、ことさらその人についてどうこう言ううつもりもありません。ただ、何か意見を言いたいのなら、そのことについて経験して、述べる「権利」を得てから言った方がよいのではないでしょうか。僕自身、オリンピックのやり投げの試合を観るたびに「あれ、もうちょっとさ……」と言いたくなるのですが、グッと我慢して言わないようにしています。経験したことがないですから。

世の中のたいていのことはインターネットで調べられますので、ある程度予測したり、疑似体験したりすることが可能です。しかし、何かを経験したつもりの人の「引き出し」と、実際に経験した人の「引き出し」は確実に異なります。

〝知ったかぶり〟は、
「引き出し」を閉じる天敵。

29 「引き出し」と「結果」はワンセット

僕は、自分の「引き出し力」の厳然たるルールとして、「引き出しを開けた以上、結果を出すこと」を肝に命じています。これが守れないと、単に自分が思い描くイメージを話すだけで終わってしまい、「引き出し」を開けた意味がありません。少し厳しい言い方かもしれませんが、結果が伴ってこその「引き出し力」なのです。

ところが、最近のビジネスシーンにおいては、「仕事内容」や「肩書き」、さらには「やりたいこと」について、結果を出す前にあれこれ語りたがる風潮にあるように思えます。

今、いろいろなメディアで取り上げられている「ノマドワーク」という言葉があります。もちろん、「ノマド」自体はこれから先、必要なワークスタイルであることは間違いありませんし、否定はしません。しかし、25年間、自分のデスクを持たずに仕事をしてきた、いわば「ノマドネイティブ」である僕から見ると、「目的」と「手段」が入れ替わりやすいという懸念があるのです。

カフェで仕事をしていることや自分がやりたいことを話しても、ノマドを通じて結果を出さなければ、それは単なるカフェ好きでしかありません（笑）。ノマドとはあくまでもビジネスの「手法」であって、「目的」や「職業」ではないのです。

そもそも仕事とは、「立案」→「実現」→「結果」がワンセット。色々なモノや仕組みを生み出し、それを広めて、収益を得て、結果を出すからこそ成立し、次の仕事という評価へとつながります。そのプロセスをないがしろにし、手法などにばかりこだわっても、次につながる結果を引き出せない以上、もはやそれは「引き出し力」とは言えません。

経験がないのなら、むしろ空っぽの「引き出し」を受け入れ、経験を積みながら中身を入れていけばよいのです。それをさも中身があるように見せかけ、周りを巻き込み、結果的に迷惑をかけてしまう。これでは、何も効果をもたらしません。今すぐ改めましょう。

29

「なりたい自分」を
語るのは、
結果を出してから。

30 成功は2秒で忘れよう

今、結果が大事だと話しましたが、僕は、過去に携わった仕事の資料や記録を残していません。成功体験に縛られたくないからです。

プロデュースというものは、常に時代や社会の流れを読み、先手を打って仕掛けていかなければいけません。こうしている間にも、刻一刻と状況が変化しています。たとえ今日プロデュースが成功したとしても、次の日、いや次の瞬間に、それは成功例でなくなっているかもしれないのです。

もちろん、結果が出ることは、素直にうれしいです。仕事は、費用と時間をかけて行うもの。費用対効果と密接に関わっています。実際、テレビ番組は視聴率、グッズは売上、イベントは来場者数という風に、結果が目に見える形で表れます。しかし、それはその瞬間だけ。「単なる経験値」としてとらえることが必要なのです。

どんな世界でもいつか必ず、変革期がやってきます。「前はこういう方法でうまくいった」というセオリーが通用しなくなってはじめて悩むようでは遅いのです。いつまでも成功にしがみついていては、失敗したとき、「あのときはうまくいったのに……」と、自分に言い訳をしてしまいます。これでは、次なる「引き出し」を開けることは不可能でしょう。

先ほど少し話に出しましたが、体操の内村航平選手は、ロンドンオリンピックの団体総合での失敗の後、個人総合で見事金メダルを獲得しました。表彰台に上って金メダルをかけてもらった瞬間、いや、もしかしたら最後の種目でフィニッシュを決めた瞬間、成功を忘れ去り、視線はすでに次なる目標に向かっていたかもしれません。

いつまでも過去に留まっていては、新しい「引き出し」は決して開きません。

成功は、2秒で忘れましょう。

30

過去の成功は、「単なる経験値」に過ぎない。

STEP4

「引き出す」ときの注意点

31 「引き出し」続ける

僕はプロデュースの仕事を始めて25年以上たちますが、いまだに「まだ自分にこんな引き出しがあったのか！」と驚くような経験ばかりです。生きている以上、「引き出す力」に終わりはありません。何年、何十年経っても驚き、発見することの連続なのです。

しかし中には、いつも同じ昔話をする人がいます。こういった人の引き出しは、その時点で閉まりきっています。なぜなら、「すべての『引き出し』を開け切った」と思った時点で、その人の成長はストップしてしまうからです。

反対に、何歳になっても、自分が開けようと思いさえすれば、「引き出し」はいつだって開きます。そしてそれこそが、「引き出す力」の本質であると僕は思うのです。

たとえばマラソンで長時間走っていると、最初は膝で走って、次に足首、腿《もも》の前の筋肉、そして最後は臀部《でんぶ》……といった具合に、研ぎ澄まされた感覚の中で、自分が今、体のどの部分を使って走っているのかがわかるようになります。疲労がたまってきたら、しばらく上半身をメインにして走ってみたり、負担を分散させるために腰や腹筋を使って走ってみたりと、自分の肉体といろいろ対話します。フルマラソンともなると最終的には顔の筋肉まで使い、もう「引き出し」はありません！　くらいの勢いで走り抜きますが（笑）。

こういった対話を繰り返すことで、「まだこんな引き出しがあったのか！」と、自分の中にある新たな「引き出し」に驚くと共に、たとえようのない「爽快感」を感じられます。

一方で、開け損ねた「引き出し」があると、悔しくなることも事実です。自分ではキレイに開けているつもりでも、そううまくはいきません。マラソンでさえそうなのですから、人生のさまざまな場面で「引き出し」を開けるということが、難しい作業だと実感します。

しかし難しいからこそ、続けることで新たな「引き出し」が開くと思います。僕の場合も、「引き出し」続けることで、自分が仕事だけでなく、育児でも俯瞰して見守るタイプだと気づきました。あなたにも、開いていない「引き出し」がきっとあるはずです。

何歳になっても、
望みさえすれば
「引き出し」は開く。

32 「引き出し」は開けすぎない

前のページで「引き出し続けることが大事だ」ということをお伝えしましたが、注意すべきなのは、「開ける」という行為そのものにとらわれすぎないことです。あまりにも無計画に「引き出し」を開けすぎると、「引き出し」を開けることがいつの間にか「目的」にすり替わってしまい、そもそも自分が何のためにそうしているのかわからなくなってしまいます。これでは本末転倒であり、何のための「引き出す力」なのかわかりません。

そこで、自分がどうして「引き出し」を開けたかったのか、今一度、原点に立ち返って見つめ直す必要があります。開けすぎた「引き出し」をいったんすべて閉じ、そもそもどうして「引き出し」を開けようとしたのか、もう一度考えてみるのです。

「そもそもどうして引き出しを開けようとしたんだっけ?」

「もっと仕事で結果を出したいと思ったから」

「ではなぜ仕事で結果を出したいと思ったんだっけ?」
「やりたい仕事に携わるには、結果を出しておくと有利だから」

のめり込みそうになったその瞬間に、自分を見つめ直すことなくそのままにしてしまった場合、軌道修正がきかなくなってしまう可能性があります。

その一例が、「ショッピング中毒」です。最初は「華やかで素敵ですね」と言われるのがうれしくて買い物をしていたはずなのに、だんだんモノを買うこと自体が目的となってしまい、支払いが難しいのにもかかわらず、「一括で」と答えてしまう。そういった細かい積み重ねが重なって、薬物の中毒症状のように抜け出せなくなってしまうのです。

のめり込んだり、興奮しているな、と思ったときほど「これでいいのだろうか?」「そもそもの理由は何だろうか?」と、冷静に自分を見つめ直してみてください。そうすることで、「そもそも」の目的を再認識でき、引き出されやすい状況へと戻ることができます。

32

のめり込む前に、「そもそも」の理由を考えてみる。

33 同じ「引き出し」ばかり使わない

さて、無事「引き出し」を開けることができたとしても、それに甘んじてあまりにも同じ「引き出し」ばかり開けていると、そのうちに開ける「引き出し」が固定されてしまう恐れがあります。開ける「引き出し」が固定されると、当然、その中身も固定され、思考や行動のマンネリ化を招き、「引き出し」をつまらせてしまうのです。

「はじめに」でも少し触れましたが、タレントのみなさんは、常に自分の「引き出し」やその開け方にアンテナを張っています。経験の有無にかかわらず、「こんな役もできます」「バラエティも出ます」「歌も歌います」と、自分の「引き出し」を開け続けることで、毎年何百、何千人もの新人が出てくる業界において生き残りを図っているのです。

昨年9月、俳優の香川照之さんが突然、「九代目・市川中車」を襲名することを発表しました。歌舞伎役者から俳優への転身はよくあることですが、その逆はあまり聞きません。

香川さんの決断と転身には、誰もが驚かされたはずです。順風満帆であった俳優生活から、厳しく険しい歌舞伎の世界へ飛び込む覚悟たるや、相当なものがあったはずです。彼なりの、新しい「引き出し」を開けるタイミングへのこだわりもあったことでしょう。

ではなぜ、彼はこういった行動をとることができるのでしょうか。それは、ふだんから自分と向かい合い、どのタイミングでどんな行動を取るべきなのか、自分を「俯瞰」する高精度のカメラを持っているからだと考えます。自分を俯瞰し、中・長期的な視点で人生をとらえているからこそ、あのような行動ができるのだと思います。

ただ単に一つの「引き出し」を開けるのではなく、自分自身のもう一つ別の「引き出し」を開けたり、誰よりも早く違う角度から「引き出し」を開けたりすることによって、新しい世界を見ることができます。同じ「引き出し」を使い続けることはとても楽ですが、新たな「引き出し」を引き出さない限り、アクシデントに対応することはできません。今日の常識が一日で非常識に変わる現代を生き抜くことは難しいのです。

33 」

違う「引き出し」を
使うことで、
新しい世界を
知ることができる。

34 「引き出し」惜しみしない

お気に入りの洋服や食器を何度も着回したり使い回したりするように、「引き出し」の中にある「記憶」や「知識」、「技術」や「感性」なども、何度も取り出して使うことができます。

その際に重要となるのが「引き出す」際の「シチュエーション」であり、「タイミング」です。

みなさんの周りに、せっかくいい企画やアイデアを思いついたのに、自分で勝手にレベル付けをしてしまい、「今、ここで出すのは止めておこう」「この人の前では出さないでおこう」と、引き出すのを先延ばしにしている人がいませんか？

しかし、「引き出し惜しみ」していては、せっかくの企画やアイデアも、時すでに遅し、ということになりかねません。新鮮なネタも、腐ったり、ボロボロになってしまっては、使いようがありません。引き出してみなければその価値はわからないのに、自分で勝手に「大事なもの」と決めつけ、大事に「引き出し」の奥にしまい込んでしまう。腐った中身をいつまでも同じ「引き出し」に入れていたら、大事な「引き出し」も腐ってしまいます。

フラットな感覚で「今、必要なものは何か」を自分に問いかけ、絶妙のタイミングで「引き出す」。すぐには難しいですが、ぜひやってもらいたいテクニックです。

もちろん、多くの「引き出す力」のテクニックのように、出たとこ勝負の一発勝負では到底うまくいきません。しかし、日常のさまざま場面で「引き出す」練習をしておけば、いざというときもスムーズに進みます。たとえ同じ企画や記憶でも、引き出すシチュエーションが異なれば、そこからまた、自分はもちろん、相手の新たな「引き出し」も開いていくかもしれません。そのためには「引き出し」の整理も大事になってきます。

あなたもぜひ、ふだんから「引き出し方」のトレーニングをして、中身を腐らせないようにしましょう。

腐る前に、「引き出し」の〝中身〟を引き出そう。

35 他人を自分の型にはめない

「その案は却下！　やらなくてもいい」

あなたは、上司からこんな風に言われたことはありませんか？　その人の思いを聞くことなく否定する……。これは大人の、子どもに対する姿勢を見ても明らかです。

先日、空港で娘が、僕の運ぶキャリーバッグに何度も飛び乗ってはズリ落ちる、という行為を繰り返したことがありました。自分にも心当たりがあるのですが、子どもの頃は、タイヤが付いている乗り物に乗りたいという、異様なまでの執念があるもの。しかし、多くの大人は「ダメ！」と、頭ごなしにNGを出すことがほとんどです。

確かに言いたいことはわかるのですが、子どもにとって、キャリーバッグに乗ったことから得られるメリットには、計り知れないものがあると、僕は思うのです。

というのも、キャリーバッグに乗ることができるのは、長い人生においてほんのひととき。「一瞬」と言ってもいいでしょう。幸い、そのときは周りにほとんど人もおらず、他人に迷惑がかからないと思ったので、娘にやらせてもいいと判断しました。

もちろん大勢の人がいる場所ではさせませんし、僕から娘に乗ることを勧めたりもしません。娘が2歳ということもあります。20歳になってやることはないでしょうから（笑）。

もう一つ、僕が娘の行為を止めなかったのは、そうすることで彼女の中に新しい「引き出し」が生まれると思ったからです。彼女の自由な行動を頭ごなしに否定してしまったら、「引き出し」に固くカギをかけることになってしまいます。実際、彼女は、試行錯誤を繰り返した末に、背中を僕に向けて座るというキャリーバッグの完璧な乗り方をマスターしました（笑）。新たな「引き出し」を、自ら開けてみせたのです。

このように、ときには自分の価値観を相手に押し付けるのではなく、まずはやらせてみる。そのことが、新たな「引き出し」を開けることにつながります。

相手のやることは
頭ごなしに否定せず、
まずやらせてみる。

36 ときには傍観してみる

この本には僕の娘がたびたび登場しますが、彼女のおかげで今、僕は「引き出し」が〝全開〟です。もともと子どもが得意な方ではなかったので、子どもに関する「引き出し」にはカギをかけていました。ところが、子どもができたことで、そのカギは次々と開かれています。おかげで他の家の子どもも、全員抱きしめる勢い（笑）。発見の連続です。

しかし、せっかく「引き出し」を開ける絶好の機会だというのに、それを邪魔されてしまうケースがあります。

たとえばレストランで、子どもが泣いていたとします。そばに親がいる場合、あなたならどうしますか？　僕の思う正解は、何もしない。「傍観する」とも言い換えられます。

少し冷たい言い方に聞こえるかもしれませんが、結局、それが最良な方法です。なぜなら、その子の傍には「親」という、その子のことをよく知るプロがいるからです。その子が泣き止む「引き出し」を最短で開ける方法を知っているのは、他ならぬその親なのです。

しかし、それが理解できず、すぐに音の出るオモチャなどを持ってくるスタッフがたまにいます。そっと置いて去るだけならまだしも、泣き止ませようとする人もいます。おそらく、何度かそうやって子供を泣き止ませた「成功体験」があるのでしょう。自分なら泣き止ませることができるという「自信」もあるかもしれません。

しかし、そのことによって泣いている時間が伸びたり、最悪の場合、さらに泣き止まなくなることもあります。親からすればそれは、小さな親切、大きなお世話にすぎません。「子どもを泣き止ませる」という「引き出し」を固定するのではなく、ときには傍観して様子を見ることも大切なのではないでしょうか。これは、ビジネスシーンにも共通することだと思います。

ム 36

すぐ何でも
手を出さない。
ときには傍観してみる。

37 筋道を組み立てる

子どもが苦手だった僕が、結婚後、娘ができたことをきっかけにさまざまな「引き出し」が開いたように、僕の妻も以前、新たな「引き出し」を開けました。

その最たる例が「料理」です。妻は、かつて自分が料理は苦手だと思い込んでいて、しばらく料理をしていませんでした。しかし、ある日を境に、できるようになったのです。

パソコンやAV機器のセットアップを手際良くこなす彼女を傍観していると、「説明書がレシピで、レコーダーや接続コードが食材だとしたら、レコーダーをつなぐ要領で料理を作れるのでは?」ということに気づいたのです。

そのことを伝えると、彼女はすぐにスーパーで食材を買ってきて、そのままキッチンに入って調理を始め、アッという間に料理を作り上げました。しかも、美味しい。

重要なのは、僕がひと言アドバイスしただけで、彼女の料理の「才能」を引き出したところにあります。手取り足取り教えるのではなく、企業の商品開発や講演、テレビ番組のプロデュースなど、相手もしくは自分を傍観し、ロジック（筋道）を構築したうえで、ピンポイントで新しい「引き出し」を開ける。これぞまさに「引き出す力」のメカニズムなのです。ただし、そこにはキチンとしたロジックが成立していないといけません。

「君（これ／自分）はいつも○○○だよね」→「だから○○○だけど」→「ここを○○○すれば」→「その結果○○○になるかもしれないよね」

自分はもちろん、他人の「引き出し」を開けるには、このように相手が納得するロジックを用意する必要があります。言いかえれば、このロジックがなければ「引き出し」は決して開かないと言えるでしょう。

筋道があってはじめて、相手の「引き出し」は開く。

38 アクシデントが新たな「引き出し」を開ける

地震や火事のとき、いつの間にか遠くまで逃げていたり、重いものを持ち上げていた、といった話をよく聞きませんか？「火事場の馬鹿力」という言葉がありますが、実はアクシデントのときこそ、新たな「引き出し」を見つけるチャンスなのです。

ある日レストランで、僕は娘を右手に抱え、彼女に食べさせながら自分も食べようとしました。しかし娘は好きに動くし、右手はふさがっていて、うまくいきません。左手に抱え直そうかと思っていたそのとき、僕はふと左手で箸を使えることを思い出したのです。

小学校低学年のとき、僕はなかなか箸をちゃんと持とうとしませんでした。「食べやすいならどんな持ち方でもいいだろう」と思っていたからです。しかしある日、教えてもらった持ち方で持ってみた瞬間、その使いやすさに納得がいき、持てるようになりました。「同じことをやれば左手でもできるかも」と考えた僕は、すぐさま左手でも試し、その日のうちに左手でも箸を持てるようになったのです。

それはまさに、「左手で箸が使える」という「引き出し」が最初に開いた瞬間でした。その何十年か後に、今度は自分の娘によって同じ「引き出し」が再び開けられたのです。

ビジネスシーンでも、アクシデントやトラブルはつきものです。クライアントが要求していることと自分がやらなければいけないことがゴチャゴチャになり、途方に暮れた経験はありませんか？　上司から一方的にプロジェクトの見直しを言い渡され、どこから手をつけていいのかわからず頭を抱えたことはないでしょうか？　そんなときに威力を発揮するのが「引き出す力」なのです。

混乱したときこそまず頭を落ち着かせ、「今何をするべきか」「いつまでにやればいいのか」など、一つずつ整理し、「引き出し」を開けていきます。そうすることで問題点が明らかになり、事態が良い方向へと向かいやすくなることでしょう。

アクシデントは
〝チャンス〟と思って
受け入れよう。

39 パーツに分解して考える

滋賀県大津市の事件で注目を集めた「いじめ」。

僕はこのいじめというものが、30年近く多数のメディアで取り上げられながら、その本質やメカニズムがまったく語られていないことに強い疑問を感じています。

いじめを語る際、「気のせいじゃないのか」「いじめられる方にも原因がある」といったフレーズを聞くことがあるかと思います。いじめを受けた子どもが、勇気をふりしぼってSOSを発しているのに、こんなことを言われたら、きっとその子は心を閉ざしてしまうでしょう。いじめの日常化および潜伏化はますます加速していくと思います。

そこで重要なキーワードとなるのが、「分解」と「再構築」です。この二つの言葉は、いじめのメカニズムを解く、大きな「カギ」となります。

「いじめ」のメカニズムは極めてシンプルです。「暴力」が「日常化」し、「家庭」に侵蝕し、最後は「死」へとエスカレートしていきます。インターネットの普及により、昔と比べて陰湿になったと言われていますが、このメカニズムは30年間、何ら変わっていません。

どうして30年もの間、同じようなことが繰り返されるのでしょうか。

それは、多くの大人が冷静さを欠き、自分たちも経験したはずである「いじめ」の記憶を忘れ去ってしまっていることが最大の問題点だと僕は考えます。

「いじめとは何か」をフラットに考え、それに付随する「引き出し」を丁寧に分解し、バラバラになったパーツを「再構築」すれば、きっと解決策は見えてくるはずです。

同じように、仕事や人間関係など、問題に直面したときは徹底的に「引き出し」を開け、その仕組みをひも解いてみましょう。完全には解けなくても、まずは「引き出し」を開けることが大事です。その積み重ねがやがて、物事の「本質」を「引き出す」のです。

「分解」と「再構築」は、
物事の本質を
引き出すカギ。

40 記憶は〝真空パック〟にして保存する

記憶や体験を「引き出し」にしまう際、僕が常に心がけていることがあります。それは「リアルな記憶を〝真空パック〟にして『引き出し』にしまう」ということです。

すべての記憶を「引き出し」にしまうということではありません。僕の中では「全部を記憶する」＝「全部を忘れる」。勉強と同じで、単に答を丸暗記してもまったく意味はありません。ですから、「この瞬間を覚えておこう」と思った瞬間、すぐさま記憶の「ＲＥＣボタン」を押して記憶するのです。

たとえば「教室で勉強する」という日常の1コマがあったとします。このとき、僕の中の記憶に録画されるのは、黒板・イス・机・教科書・クラスメイトといった基本的な要素に加え、教室内の空気・教室の温度感・机のキズの場所・教科書の匂い・椅子を倒したとき、後ろの女子の席にぶつかる距離などの、なかなか言葉に言い表せない要素です。僕はこれらの要素をあえて事細かに記憶の「引き出し」に入れるようにしています。

なぜなら記憶は時間の経過と共に曖昧になっていき、やがて消えてしまいます。しかし、五感をフルに活用して「引き出し」に収納することにより、いつ引き出しても鮮度の落ちない、「色あせない記憶」が引き出せるようになるからです。

あえて「RECボタンを押した」と自分の中で認識することで、その出来事を特別なものとして心に刻み込み、リアルな記憶を「引き出し」に収納する。このことは、さながら「記憶の〝真空パック〟」と言ってもよいでしょう。

〝真空パック〟の中の「記憶」がリアルであればあるほど、解凍したとき、新鮮かつ強烈なインパクトと共によみがえってきます。優れた小説を読むと、緻密なエピソードの中に妙な瑞々しさとリアリティーを感じることがありますが、これも小説家の「引き出し」の中に、無数の記憶の〝真空パック〟があることを表しているのではないでしょうか。

〝真空パック〟の記憶は
新鮮かつ強烈。

41 自分の〝背骨〟を持つ

「引き出す力」とは、なんでもかんでも「引き出し」に入れてしまえばよい、という話ではありません。そんなことをしていたら、アッという間に「引き出し」はいっぱいになってしまい、何が入っているのかわからなくなってしまいます。いわば、すべてを記憶することは、すべてを記憶しないことと一緒。そんなときにフィルターとなるのが自分の視点、いわば〝背骨〟です。

僕の〝背骨〟は、「二度とないこと」です。小さい頃から「二度とないこと」を見つけては、「いつか使える」と思い、すぐに記憶の「引き出し」に入れるようにしていました。

たとえば僕が4歳のある日、酒屋さんが家に持ってきてくれたサイダーのビンを運ぶのを手伝おうとしたところ、誤って落としてしまい、唇を切ってしまいました。すぐさま母親に背負われ病院に運ばれましたが、そのとき母親の背中ごしに見た「色」を、僕はすべて記憶しています。その日の出来事は「はじめて大きなビンを運んだ日」として、雰囲気やにおい、景色までまるごと〝真空パック〟され、「引き出し」の中に保存されています。おかげで、今でも鮮明な記憶と共にあの日の記憶を「引き出す」ことができるのです。

レストランで料理が運ばれるや否や、写真を撮ってフェイスブックやツイッターにアップする人が増えていますが、ただ何となくこのような行為を行っているのだとしたら、それは記憶の「引き出し」に入っているようで、実は何も入っていないのと一緒です。

ポイントは、いかに自分の〝背骨〟を持つか、です。他の人とは異なる「視点」を意識することではじめて、何気なく通りすぎてしまう日常や、つまらないと思える仕事を価値あるものとしてキャッチし、「引き出し」にしまうことができます。しまった記憶は、いつかまったく予期せぬタイミングで新しいビジネスのヒントとして「引き出す」ことができます。そのためにも、日々、物事を違う角度から見る〝背骨〟を持つことを意識し、いざというときにすぐ「引き出せる」ようにしましょう。

物事を違う角度から見る“背骨”を身につけよう。

42 「記憶の複合」が新たな「引き出し」を開ける

僕は仕事柄、よく「どうやったらそんなに企画が思いつくのですか?」と聞かれる機会がありますが、僕の考えにおいて企画は、「記憶の複合」にすぎないと思っています。

政治や事件、天気のニュース、CDや本のランキングなど、人が見ているものはだいたい同じものです。ですから、そこに「自分なりの視点」がなければ、どうしても他の人でも出せる、普通の企画や発想になってしまいます。「自分なりの視点」こそ企画の〝スパイス〟になり得ますし、新たな「引き出し」を開けることにもつながります。そして、そのカギになるのが、「自分しか体験していない、その一瞬の記憶」なのです。

では、珍しい体験でなければいけないのでは? と思うかもしれませんが、こだわる必要はありません。むしろ、ジャンルは何でもかまいません。幼少の頃、はじめて遠足に行ったときの話でもいいですし、カフェで偶然見かけたギャルの行動でもかまいません。

大事なのは、自分しか体験していない、それでいて、思い出したときに周辺の情報も思い浮かべられるものであること。そういった記憶が、また別の記憶と結びつき、他の誰も思いつくことのできない「引き出し」をどんどん開けていくのです。

ちなみにあなたは、幼少の頃の遠足の話を覚えていますか？　僕の感覚だと、まったく覚えていないという人が9割です。ですから覚えている人は、それを企画に結びつけていく努力をすればいいですし、覚えていない、という人は、これから始めることもできます。

電車の中吊り広告を見て、どの部分が気になるかを探してみる。見つかったら、なぜそれが気になったのかを考えてみる。そして、気になっているその瞬間、自分がどういう状況なのかを冷静に把握する。もしかすると誰かに足を踏まれているかもしれません。そういった状況をそのまま丸ごと記憶して「引き出し」に放り込んでおくことで、あるとき記憶と記憶が結びつき、他の人とは違う視点が出てくるようになるはずです。

「自分なりの視点」を
意識することで、
新しい「引き出し」が開く。

43 ソーシャルメディアでは、最低限のルールを守る

STEP1で、ソーシャルメディアの基本ルールについて少し触れましたが、ソーシャルメディアで発言していくうえでは、基本ルールなど、お互いに気持ちよく発言し合える環境を保つことが大原則です。しかし中には、残念ながらルールを無視して、過激な発言をする人や自分が正しいと思い込んでいるような人がいます。そのような人は、非難の対象になり続け、いつまでたっても自分のことを「引き出す」ことはできないでしょう。

たとえばツイッターの場合、本来であればフォローする必要はないのに、わざわざフォローしてあれこれ言う人がいます。これでは、サッカーなのに、ボールを手で投げて試合をしているようなものです。

それでは、意図を理解しがたいツイートがあがってきた場合、どのように対応すればよいのでしょうか。

自分のことを応援してくれるフォロワーがいれば、あなたが行動する前に、自然と周りが「あなたはわかっていない」「おちさんの著書を読みなさい」と言った具合に、突っ込みを入れてくれるでしょう。

また、ツイッターにはブロック機能という便利な機能がありますので、それを使うこともできます。つまり、フォローされたくない人を、こちらでブロックしてしまうのです。

ツイッターは、健全なソーシャルメディアだと思っています。最低限のルールを知り、それを活用することで、さまざまな「引き出し」が開いていくのではないでしょうか。

僕の方からツイートに反論する方法もあるのかもしれませんが、そうなると本人を「教育する」ことになってしまうので、僕はしないようにしています。仕事として、お金をもらっているわけではないのに教育するのは、おかしな話だと思うのです。

ルールを無視した発言は、「引き出し」を閉める。

44

「まさか!」をつくり出す

STEP3で、アクシデントのときこそ自分を成長させるチャンスだと書きましたが、人生はまさに、「まさか!」の連続です。

2011年3月11日に起こった大震災はその最たるものでしょう。みなさんの生き方や考え方を一変させる出来事になったと思います。僕自身、「自分」というものを見つめ直す大きなきっかけになりました。

あのとき、僕がブログの中で、震災時における人々の対応に感じた「違和感」を言葉にしたように、ブログで意見を発したり、ツイッターでつぶやいたりした人も多かったはずです。いわば、たくさんの人の「引き出し」が一斉に開いた瞬間でもありました。「震災」というアクシデントを通じてはじめて、自分がどの「引き出し」を使って何ができるのか、という可能性を探り始めたのです。

震災とビジネスを同列に語ることはできません。しかし、アクシデントによって生まれた「まさか！」によって「引き出し」が開くとしたら、ビジネスシーンにおいても、「まさか！」を創り出せるよう、意識して行動するのも一つなのではないでしょうか。

たとえば僕の場合、テレビ番組のプロデュースからスタートしましたが、携わる分野をテレビに固定するのではなく、一つひとつ広げていくことで、いろいろな人から「引き出し」てもらいました。

テレビ番組の企画・プロデュース、ファッションやマンションなどのプロデュース、企業とのコラボレーション、大学での講演、経済産業省や厚生労働省主催プロジェクトへの参画……。多岐にわたるジャンルの仕事に関わることで、〝オールラウンドプレイヤー〟として、多方面からお声がけいただいています。

「まさか！」を自発的に創り出すことで、「引き出される」状況が自ずと創られるのです。

「まさか!」の
出来事は、
「新たな自分」を
引き出す。

STEP5

「引き出す力」で引き出される力

45 自分から「発信していく力」

リーマンショックや昨今の家電業界の大量リストラに代表されるように、今、敷かれたレールの上に乗っかっていれば良かった人生は、残念ながら終わりを告げようとしています。そんな時代を乗り切るために必要なのが、まさに「引き出す力」なのです。

ITの例を挙げるまでもなく、産業は驚くべきスピードで効率化され、私たちのライフスタイルも企業での働き方も、急速に進化しています。最近では「6時間労働制」を導入する企業も登場して話題になりました。

あなたは、9時に出社し、15時で退社できるようになったら何をしますか？ 平日にコンサートや展覧会、イベントを楽しむ人もいるでしょう。夢を実現するための時間に充てる人もいるはずです。中には2社目の就業を認める企業が出てくるかもしれません。

もちろん「複数社契約」を実現させるためには、健康保険などの問題を含め、ルール作りや大がかりな法整備が必要になってきます。しかし、可能性がまったくないとは言えないのではないでしょうか。個人が働き方を自由に選択できる時代が、そこまできているのです。

そうなったとき、これから先は、一人ひとりが「個人商店」のような心構えで臨まなければならなくなるでしょう。その際、大きな力を持つのが、やはり「インターネット」です。なぜなら使用するツールに応じて一定のルールはありますが、投稿する内容は基本、自由ですし、費用もかかりません。国を超えて発信することもできるからです。

STEP2にも書いたように、フラットな視点から「自分」に向かい合い、「価値」を高める努力をすることで、自分がどうすれば〝振り幅のある人間〟になれるのかがわかってきます。その自分像を、誰でも発信のできるインターネットを通じて継続してアピールし続けることによって、必要とする人が反応し、仕事が舞い込むチャンスも増えることでしょう。正しい〝発信力〟は、それだけで「引き出し」を開けるカギになりうるのです。

自分像を
発信し続けると、
仕事が舞い込む
チャンスが増える。

46 変化に気づく「察知力」

僕は、会いたいと思った人がいたら実際に会って、自分の「引き出し」を更新する〝体温マーケティング主義者〟です。日々、最新の情報を得ることができるので、ファッションをはじめ、多岐にわたるジャンルに詳しくなります。〝オールラウンドのポータルサイト〟になりたいと思っているのです。

一方で、わからないことがあれば、すぐさま人に聞くようにしています。フェイスブックのインターフェイスを見てもわかるように、インターネットは刻一刻と変化をし続けています。そのつどわからないことを自分で調べていたのでは、追いつきません。人に聞きながら同時に「引き出し」を増やす、「スピード感」が大事だと考えているのです。

ある企業の担当者に、ソーシャルメディアの取組について尋ねたとき、「うちは大丈夫です」と余裕の表情を見せながら答える人がいました。しかしヒアリングを重ねていくと、実はPV数が2ケタだったりと、まったく大丈夫ではありませんでした。ホームページのリニューアルに何千万円もつぎ込んだだけで安心し、あとはリサーチも更新もせず、勝手に人が来るものだと思い込んでいたのです。

ニュースを求めているとき、以前見たサイトが一日前と同じままだったらいかがでしょうか。きっと、より更新頻度の高いサイトにアクセスするでしょう。ブログやツイッター、フェイスブックといったツールがインターネットとそりが合っているのは、常にページが更新され、変化しているからです。

これは、ビジネスシーンでも同じことが言えます。「あの人は引き出しが多い」と言われる人は、得た知識や経験をそのつど「引き出し」に入れて上書きしていると思います。「引き出し」を開け続けることで、どんな時代にも対応できる、変化をいち早く察知できる力が身に付くのです。

┗┛ 46

「引き出し」続けると、変化に敏感になる。

47 人脈を引き寄せる「セルフプロデュース力」

「お茶を濁す」という言葉があります。ご存知の通り、その場を取り繕ってごまかしたり、一時しのぎをしたりするという意味です。これまでのビジネスシーンにおいてこの言葉はある意味、便利なフレーズでしたが、ソーシャルメディアのおかげで少しずつ、そして確実に意味を持たなくなってきています。

というのも今、ソーシャルメディア上で社員のスケジュールや仕事内容を管理する企業が出始めているからです。これまで壁だった部分がガラス張りになり、これまでのような薄っぺらい嘘やごまかしは、いとも簡単に見抜かれてしまいます。

たとえば、今までは取引先の担当者の名刺を自分だけで管理していたかもしれませんが、それを会社として一括管理し、社内全体に公開するシステムになると、誰が今、どの取引先にアプローチしているかがわかるようになり、これまで通用してきた「ぬけがけ」というテクニックも、もはや簡単に使えなくなるでしょう。

また、自分に都合のいい理由で部下に無茶な仕事やノルマを強いるようないい加減な上司も、ほどなく立場を失っていくでしょう。不透明な部分がクリアになることで、もはや「お茶」を「濁せなく」なっているのです。

そんなシステムの台頭を窮屈に感じる人もいるかもしれませんが、僕はとても健全だと思います。なぜならすべてが可視化され、フラットな状態になることで、不条理な理由で部署内でいじめられたり、異動させられたりすることがグッと減ると考えているからです。

個人と個人がどんどんつながっていき、ソーシャル化していけばいくほど、自分の成果や能力を引き出し、アピールする「セルフプロデュース能力」が強く求められます。セルフプロデュースができれば、あなたの能力を欲する人との人脈ができ、結果、「引き出し」はさらに開いていくのです。

成果や能力を
アピールすれば、
新たな「引き出し」が開く。

48 セルフプロデュースを応用！「〝他己〟プロデュース力」

入団一年目から16勝した大リーガー・ダルビッシュ有投手の発言に、「今日のやり方は、年間一回しかできない作戦でした」というのがあります。

これはまさに、もう一人の自分が、自分の「引き出し」を惜しみなく開けるという作業を試しているからこそ言えるセリフなのではないでしょうか。

どんな人でも、体調のよいときや悪いとき、気分がのるときとのらないときがあるように、コンディションは、日によって違います。

体調が悪いな、と感じたらあなたはどうしますか。会社を休む、最低限のことだけをして早退する、適当にやり過ごす……いろいろな選択肢があることでしょう。

しかし、あなたがもし、野球選手だったらどうするでしょうか。休んだり、早退している間に、他の選手が練習を重ね、レギュラーの座を奪ってしまうかもしれません。野球の場合、レギュラーでなくなること＝試合に出られなくなることなので、死活問題です。会社という場所も、成果を出さなければ給与や雇用に響くように、ある意味同じことが言えると思うのです。

その日の調子が悪いからといって「引き出し」を開けるのをやめるのではなく、悪いなら悪いなりに自分の中にある「引き出し」を試してみる。引き出し続けることで、新たな可能性が引き出される場合も、少なくありません。

ちなみに冒頭の言葉を発したダルビッシュ投手は、他選手を見ていて、「何であんな風に投げるんだろう、腰を悪くしないだろうか」と感じるそうです。僕がテキサス・レンジャーズのオーナーなら、迷わずコーチも兼任させます（笑）。ＳＴＥＰ２でお伝えした「自分コーチング」を通じて自分に向かい合っているからこそ、視野が広がり、相手のことも見えるようになるのではないでしょうか。

セルフプロデュースができれば、〝他己〟プロデュースもできるようになるのです。

□ 48

セルフプロデュースが
できれば、
〝他己〟プロデュースも
できるようになる。

49 物事を一歩引いて見る「俯瞰力」

地震や火災のようなアクシデントが起こった際、人は取り乱し、冷静さを失ってしまうと思います。しかし、STEP2の「周囲に流されない」でも書いた通り、自分の身に起こる出来事にいちいち翻弄《ほんろう》されていては、「引き出し」が開くことはありません。完璧とまではいかなくても、僕は、常に自分の中に「俯瞰のカメラ」を持って冷静な判断をくだせる状況をつくっておくことが必要だと考えています。

たとえば僕が「俯瞰のカメラ」を持っていると思う人は、歌手の宇多田ヒカルさんです。3・11が起こったあの日、僕は帰宅後、情報収集のためずっとツイッターを眺めていました。地震の後、津波が起こり、死者が刻一刻と増え、混乱しているさなか、まだ誰も原発の危険性に気づいていなかったときです。一番に福島第一原発の危険性に気づき、心配していたのは彼女だったと記憶しています。

では、なぜ彼女は、何事もないときから誰も見ていない部分に気づくことができるのでしょうか。本人に直接聞いたわけではないのでわかりませんが、一つ言えることは、物事を一歩「俯瞰して」見ているからだと思います。

テレビやネットで流れるニュースに踊らされるのではなく、〝今〟の状況を俯瞰し、冷静に判断する。「次は何がくるのか」という長期的な視点で物事をとらえ、動く姿勢こそ、「引き出す力」を引き出すうえでは欠かせません。

そういった姿勢があったからこそ、2010年、彼女は「人間活動がしたい」と、宣言したのではないでしょうか。自分というものを、常に一歩引いて「俯瞰のカメラ」で見ていたからこそ、あのとき決断できたのだと思います。

そういった意味でも、宇多田ヒカルさんは、まさに「引き出す力」を実践している人と言えるでしょう。

周りの情報に踊らされず、
一歩引いて見る。

50 〝今〟という「時流に乗る力」

僕はつねづね、政治は時代を映し出す「鏡」だと思っています。その意味では、「大阪維新の会」の橋下徹さんなどは、まさに「引き出す力」の体現者だと思うのです。

もともとテレビのバラエティー番組に異色なキャラクターの弁護士として登場し、視聴者の人気を獲得していった橋下さん。その橋下弁護士が大阪府知事になり、大阪市長になり、やがて国政に乗り出すなど、4、5年前まではとても考えられなかったはずです。

しかし、橋下さんは自分の現状に甘んじることなく、常に新しい「引き出し」を開け続けました。結果、「総理大臣候補」というところにまでのぼり詰めたと言えるのです。

これまでの総理大臣のセオリーであれば、最大勢力である政党に長年在籍し、総裁戦を勝ち抜き、総裁になってはじめて総理大臣になれる切符を手に入れることができました。

しかし、もはやそのような時代は終わったと言えるでしょう。

橋下さんの躍進ぶりを見るにつれ、一般社会にもやがてそういう時代が訪れるのではないかと僕は思っています。いや、すでにもう訪れていると言えるかもしれません。そのときになって「引き出し」を開けようと思っても、すでに遅いでしょう。

ではどうすればよいのでしょうか。それは、橋下さんのようなタイプの人を「図々しい」とか「不遜《ふそん》だ」と評する前に、〝今〟自分にできることをしていくことだと思います。

これからソーシャルメディアが今以上に私たちの生活や職場に浸透し、誰がどこで何をしたかすべてガラス張りでわかるようになれば、おのずと一人ひとりの「引き出し」がフラットに評価されることになるでしょう。それを逆手にとって「自分」の「引き出し」を世界にアピールすることも可能だと考えます。そこには、古い時代の価値観でははかることのできないビジネスチャンスもきっとあるはずです。

ㄴ 50

〝今〟この瞬間の
時勢を捉え、
何ができるのかを
考える。

51 マイナスをプラスに「変える力」

先日、急な予定変更により、僕はあるK-POPグループのコンサートに行けなくなってしまいました。普通ならそこで残念、となるところですが、僕はこのハプニングによって開いたマイナスの「引き出し」を、どうにかプラスの「引き出し」に転化することができないかと考えました。そして、「チケットを見知らぬ他人に譲る」行動に出たのです。

コンサート会場に着くまで僕は、「受け取ってもらえないかもしれない」といったネガティブシミュレーションが頭の中をかけめぐり、緊張感を伴いました。

しかし、僕はとにかく最初に目に留まったファンに渡そうと決めました。すると、一人の女の子が視界に飛び込んできました。僕は勇気を持って彼女に近づき、「これあげる」と言ってチケットを渡しました。最初は怪しげな顔をしていた彼女ですが、そのチケットがアリーナ席であることを理解すると、途端に明るい表情になりました。それを見届けると、僕はすぐさまタクシーに乗ってその場を後にしたのです。

言うまでもなく、このことによって、僕の中の新しい「引き出し」がたくさん開きました。チケットを渡した彼女もそうだったらこんなに嬉しいことはありません。

これは少し特殊な例だったかもしれませんが、あなたの身の周りでも似たようなことは常に起きていると思います。

「自分が考えたアイデアを取引先にそのまま使われた」など、さまざまなことがあるかと思いますが、いちいち落胆していては、新しい「引き出し」は開きません。マイナスの〝貴重な〟体験をしている「自分」を認識することで初めて、「引き出し」は開くのです。

そのとき、その場所で「自分」は何ができるか、何をするべきなのか。脳をフル回転して考えていけば、きっと「答」は見つかるはずです。「ピンチ」を「チャンス」に変えることで、ぜひまだ見ぬ新しい「引き出し」を開けてください。

「ただでは起きない」姿勢が、
新たな「引き出し」を
引き寄せる。

52 おまけの「引き出し」を「引き寄せる力」

僕は「ただでは起きない」という言葉がとても好きで、こだわりもあります。この本にちなんだ言い方をするとしたら、さしずめ「ただでは『引き出さない』」とでも言ったところでしょうか。

前ページに書いたチケットのエピソードには、実は続きがあります。僕がこの一連の出来事をツイッターでつぶやいたところ、なんと、ファンを中心としたリツイートが拡散し、チケットを渡した本人にまで届いたのです！ 本人から、お礼のツイートもいただきました（なぜ本人とわかったかというと、チケットを渡した日に彼女がはいていたスニーカーの色をたずねたところ、「白で金具はゴールド」という、本人しか知り得ない情報を知っていたからです）。

勇気を出し、思い切って「引き出し」を開けることで、何物にも替えがたい、貴重な体験を手にすることができたのです。

さらに特筆すべきは、僕がチケットを渡した後、たったの6時間で、名前も職業も知らない本人からツイートをいただいたということです。まさに、ソーシャルメディアならではの展開と言えるでしょう。

以前は、偶然会った人と再会するのに、15年くらいかかったのではないでしょうか。一方ソーシャルメディアのある今は、翌日、いや、数時間でたどりつける可能性があります。

しかしこれは、ただ何となく日々を過ごしていても起こりえないことです。ふだんから僕が「ただでは起きない」という気持ちで日々を送っており、さらには常に「新しい引き出しを開けよう」という気概があったからこそ、こういった「チケットを渡した本人と連絡を取れる」という結果に結びついたのです。おまけの「引き出し」を引き寄せられるかどうかは、本人の意志一つにかかっていると言っても過言ではないでしょう。

強い意志が、おまけの「引き出し」を引き寄せる。

53 相手のよさを引き出す「傍観力」

ＳＴＥＰ１で、「自分」を掘り下げるのをやめてしまったら、いつまでも「ステレオタイプな自分」しか引き出せないと伝えましたが、それは対象が他人でも同じことです。

せっかく「引き出す力」を身につけても、相手に対し、頭ごなしに「これはダメ」と決めつけてしまっては、相手の可能性を狭めてしまうことになると考えています。ですから育児においても僕は、「傍観」するだけ。いろいろなことを経験させてあげることで、未知数の可能性を引き出したいと思っています。

たとえば三輪車に乗ろうとする子どもに、乗り方を教えて乗れるようになったとしても、そこに子どもが考える余地はなく、下手をしたら子どもが三輪車に興味を持たなくなってしまうかもしれません。一方、親が見守る中、自分で乗り方をマスターすれば、新しいその子なりの「引き出し」が開く可能性もあります。「強制」は「引き出し」を固く閉ざす結果にしかなりません。その対極に位置するのが「傍観力」なのです。

娘を海やプールに連れて行っても、入りたい日と入りたくない日があるようで、「うーん」となってしまうときがあります。そんなとき、僕は「じゃあ帰ろうか」と言ってそのまま帰るようにしています。そうかと思えば、たまたま風でビーチボールが転がり、それを追いかけているうちに、いつの間にか海に入って、楽しそうに浮かんでいたこともあります。これらはすべて傍観の結果生まれたことで、こちらから強制などはしていません。

僕から強制するのではなく、「これ、どう?」という風に、相手に選択させる言葉をかけることで、相手が知らない「引き出し」を開けるのを手伝おうと思っています。

いつか娘が大きくなって「は虫類を飼いたい」と言い出すことがあるかもしれません（笑）。そんなとき僕は、すぐに否定するのではなく、なぜそう思うのか想像することでしょう。そして新たな彼女の「引き出し」を開ける方法を、何とかして考えようと思います。

無理強いはしない。
選ぶ余地を与える。

54 記憶を企画に「導く力」

テレビ番組や書店、CDショップなどで毎日のように「ランキング」や「レコメンド」といった同じ情報にあふれた生活を送っていると、どうしても趣味嗜好や思考パターンが人と似たようなものになりがちです。

そのようなときに一味違う〝スパイス〟となってくれるのが、STEP4でお話しした「〝真空パック〟にした記憶」です。

〝真空パック〟にした記憶は、匂いや雰囲気といった、五感をフル活用することでしか得られない、いわばあなただけの〝生の記憶〟です。そのため、既にある「引き出し」の中のアイデアと組み合わせることで、今までに見たことのない企画やアイデアにつながることもあるのです。

たとえば、僕は何か覚えておきたいことはすぐツイッターなどでつぶやくようにします。

そうすれば、小説家のように人並み外れた記憶力を持っていなくとも、ブログやツイッターなどに記録しておくことで、後で振り返って確認できます。すると、「自分はけっこう珍しい経験が多いな」といった「新たな自分」に気づくこともありますし、読者やフォロワーからのリアクションがあれば、新たな「引き出し」に気づくきっかけになるかもしれません。また、記憶はクラウド上にどんどんストレージされていくので、いつでも検索することができます。こんなに便利なことはありません。

これは僕の持論ですが、記憶はすべて「連鎖」します。どんな出来事でも「自分」というフィルターを通している以上、どこかでつながっていると言えるでしょう。そして、ときにはその〝真空パック〟が、企画やアイデアの〝スパイス〟になるのです。

企画は記憶の複合でできあがります。アイデアの神様が、突然降りてくるわけではありません。まずは五感を駆使し、記憶の〝真空パック〟を「引き出し」にどんどん放り込む。そして、とっておきの「引き出し」を開けることで、企画の内容にも個性がでてきます。

五感をフル活用して
パックした記憶は、
〝スパイス〟になる。

55 Win-Winを築く「関係構築力」

僕はプロデューサーとして、「さまざまなプロジェクトやモノをプロデュースする」というスキルがありますが、その一方で、「何千人、何万人、何十万人というたくさんの社員を雇う企業を作る」スキルはありません。もしあなたがそういったスキルを身につけたいのであれば、そのスキルを身につける努力をする姿勢も必要ですが、異なるスキルを持つ人同士が集まり、知恵を出し合うことで自分の中の新しい「引き出し」が開き、新たな視点や考えを得ることもできます。

たとえば僕は以前、経済産業省の「クール・ジャパン戦略」というプロジェクトの第三者審査委員会委員を務めさせていただきました。このプロジェクトでは、日本独自の伝統や文化を世界に発信するという目的でさまざまな活動を行っていますが、後日、その関連イベントの総合プロデュースを行いました。

日本から海外に打って出たいというコンテンツや地域産品、そしてサービスを取り扱う企業はたくさんあります。一方で、資金面や販路がないためにあきらめざるを得ない企業があるのも事実です。日頃から日本の発信力の弱さを感じていた僕は、資金やネットワークのある企業と、コンテンツやサービスを持っている企業、「日本発」を魅力的に見せることができるクリエイターとの出会いの場を作ればよいのではないのかと考えました。いわば「お見合い」的異業種マッチングの場です。

さらに、リアルバラエティーショー、プレゼンバトルシステムのテイストを加味するなど、さまざまな仕掛けを施しました。こうしてマッチングの精度をより一層上げていくと共に、経済産業省と組むことで、今までとは異なる形での外貨獲得を目指したのです。

このようなビッグプロジェクトに携わることで、自分の中の「引き出し」が新たにたくさん引き出されました。お互いの新しい「引き出し」を開けることで理想の「マッチング」が実現し、ひいては「Ｗｉｎ－Ｗｉｎ」の関係性を築くことができるのです。

スキルの違う人と
組むことで、
お互いの「引き出し」が
開く。

56 仕事につながる「引き出し力」

ここまで「まさか！」の出来事を意図的に創る、とか、「お互いの引き出しを開ける」ことで引き出しを開けるといった話をしてきましたが、ではそもそも、どうすればいつもと違うプロジェクトやビッグプロジェクトに関われるのでしょうか。

それは、「引き出し力」を引き出すトレーニングを積むことだと、僕は考えます。

これまで身につけてきたスキルが、別のどんなシーンや場面で役立つのかを考えてみるのです。

僕の場合、「視聴率」という数字で成果が評価されるテレビバラエティーのプロデュースを通じて培った「集客」の方法などを、企業やインターネットのセオリーやルールに当てはめることで、少しずつ成果を探り、「引き出し」ていきました。

「自分にはこういうこともできるんだ」と自分で自分を「ブランディング」していった結

果、さまざまなジャンルの企業から「プロデュースをして欲しい」と声をかけていただけるようになったのです。

このように、ふだんから「引き出し」を開けるトレーニングをすることで、どんなジャンルの仕事にも柔軟に対応することができますし、量をこなせるようにもなります。そして、一つひとつの「引き出し」の中身をそのつど把握し、キチンと管理することで、「○○○」という「引き出し」を開けつつ、「△△△」という「引き出し」を開ける、といった、同時多発的な仕事の進め方ができるようになります。

まさに今僕は、100以上のプロジェクトを同時に手がけていますが、これも日頃から「引き出し力」を意識しているからこそ成せる技だと思います。

こういったテクニックを駆使することで導かれる「引き出し力」の積み重ねが、新たな「仕事」を生むことにつながるのです。

56

トレーニングの
積み重ねが、
新たな仕事に
つながる。

57 相手の話を引き出す「質問力」

僕はこれまで何度も取材を受けていますが、「質問力」の達人であればあるほど、こちらが答えたくなるような質問をしてくるものです。『相手に9割しゃべらせる質問術』（PHP新書）にも書いた通り、コミュニケーションの基本は、まず相手を理解すること。そのために大切なのは、相手におもしろい話をしてもらうこと。あなたがすべきなのは、相手の話を上手に「引き出す」質問なのです。

たとえばこの本の場合であれば、「引き出す」ために必要なことや、僕の中にある「引き出し」のメカニズムなどを質問することが挙げられるでしょう。

正解は決して一つではありませんが、たとえば「引き出すって言いますけど、一回開けた引き出しって、閉めちゃいけないんですか？」といった質問があったとします。しかし、「質問力」の弱い人は、「引き出し」とは関係のない、「上司に遅刻の電話をしたときの言い方ってなんだと思いますか？」という質問をしてしまいがちです。これでは、せっかく相手がいい素材を持っていても、そのよさを引き出せず、腐らせてしまいます。

論点のずれた質問は、話していることを理解できていないことが理由の一つだと思います。そもそも自分はどうしてこの話をしているのか、自分に問うてみましょう。

また、ときにはこちらがどれだけ質問をぶつけても、なかなか答えてくれない人というのもいるでしょう。そんなときは、「実は先日、こんな腹立たしいことがありましてね……」という具合に、自分からぶっちゃけた話をしてみるのも一つの手です（「自己開示」と言います）。そして、話し始めたら、すかさず「オウム返し」。相手の言葉を復唱するなどして相手の話に興味を持っていることを伝え、気持ちよくしゃべってもらうことです。

要は、どうすれば相手からネタを「引き出せる」のか、相手を理解しようとする気持ちを持って行動すること。そうすることで、少しずつ質問力の「引き出し」が開くはずです。

「理解しよう」と
する気持ちが、
相手の話を
引き出す。

58 共通点探しで引き出される「コメント力」

先日、雑誌の対談取材で、大好きな村上春樹さんについて語る機会をいただきました。村上作品にはご存じの通り、『1Q84』『ノルウェイの森』をはじめ、数々の名作がありますが、何とも言えない感覚がつきまとうものが少なくありません。それでいて、人の心を虜にし、夢中にさせる不思議な魅力があります。簡単に説明しようとしてもなかなか思い出せず、うまく言葉にできない……。これが、僕の思う村上春樹作品の特徴の一つです。

そこで僕は取材前に、ふと考えました。「この不思議な感覚は何かに似ていないか？」と。自分に向かい合うように、村上作品の特徴に向かい合ってみたのです（いわば「例え力」です）。すると、一つの答えが導き出されました。「夢」です。

そこに気づいた僕は、STEP2でお話しした〝あるある探し〟の要領で、夢と共通するものは何か、共通点探しを始めました。「夢と聞いて、他に似たようなものにはどんなものがあるだろう」「スタジオジブリ作品もそうだな」「次々とカットバックする展開はどこかで見たことがある……そうだ『ファインディング・ニモ』だ……ディズニーと似ているな」「そういえば『渡る世間は鬼ばかり』もいろいろな家族のエピソードが交差するな」「そういえば僕は湊かなえや角田光代といった細かい人間心理描写を書く作家も好きだな」

「村上春樹」と「夢」。この、まったく異なる2つのテーマの共通点に気づいた瞬間、このように、僕の中にある村上さんの「引き出し」がおもむろに開き、それに呼応するかのように、今まで自分も気づいていなかった新しい「引き出し」もどんどん開いていきました。結果、対談相手とは「村上作品って、思い出せなくないですか?」というコメントからスタートし、たくさんの「コメント」が生まれ、村上春樹談義に花が咲きました（笑）。

まさに一つの仕事を通じて、僕の「コメント力」が大いに引き出されたわけです。

ㄩ 58

〝あるある探し〟は
「コメント力」を
引き出す。

59

「引き出し」を磨く「要約力」

僕は「仕事」というものは、推理小説に似ていると思っています。どちらもたくさんの事象の中から「事実」をひも解き、「真実」という一つの答を見つけ出していくという意味で似ているからです。

STEP3「『引き出し』を整理する」で、「共通点探し」について述べましたが、自分の身の周りで起こる出来事の中に「共通点」を見つけ、記憶の「引き出し」に整理していくと、それぞれが相乗効果を生み、ビジネスシーンにおいて重要な「例え力」のアップにつながっていきます。

ある物事を何か別の物事に例えることで、関連する出来事などの「引き出し」が開けやすくなるのです。

この「例え力」がアップすると、同時に「質問力」や「コメント力」といった新たな

「引き出し」がたちまち開き、同時にそれらのスキルもアップしていきます。その中でも僕が特にオススメしたいのが、「要約力」です。

簡単に言えば「まとめ力」とも言えるこのスキル、自分の周りで起きた一つひとつの出来事に対し、単にそのまま受け止めたり、スルーしたりせず、「これは要するに○○○ということなんだな」と、いったん要約した状態で「引き出し」に入れておくのです。そうすることで、また別の共通点探しのときに「カギ」となってすぐ取り出せますし、後になって新しい「引き出し」を開ける手助けとなるのです。

この話の流れこそ、「推理小説」に似ていると思いませんか？ 推理小説をうまく楽しめない人は、この「要約力」をつけることで、楽しくなる可能性があると思います。

ひいては「仕事」も同じです。フラットな視点を持って日々の出来事に目を向け、それが「要するにどういうことなのか」を考えることで、「要約力」を磨いていきましょう。そうすることで、いつの間にかスキルアップを果たしているはずです。

要するに
どういうことなのか、
考えるクセを
つけよう。

60 どんな激流でも「変化を楽しめる力」

先日、アメリカで「フラックス世代」が誕生しているというニュースを見ました。「フラックス」とは英語で「流れ」を意味し、時代の変化を受け止め、流動性や不確実性を楽しみながら乗り越えていく若者たちをそのように呼ぶそうです。

一方、日本ではソニーやシャープ、パナソニックといった大企業が今、軒並み赤字を抱え、不況の波にさらされています。また、ついこの間まで韓流ドラマで盛り上がっていたのに、竹島問題をきっかけに韓流ドラマの放送が微妙になったり、中国でビジネスを展開していたら、突然、尖閣諸島の問題が勃発《ぼっぱつ》し、対応に奔走したり……。

おそらく〝今〟というこの瞬間は、僕たちが経験したことのない、これまでの歴史の中で最も流動的で、不確実な時代に突入したと言ってもよいのではないでしょうか。

僕は今、46歳ですが、ちょうど僕らの前の世代までは、時代に確実性がありました。一歩歩けば確実に一歩前に進み、穏やかな気候の中、年間を通じてはっきりと四季が楽しめ、明日に希望を持っていた時代――。

そんな価値観が消えてしまいつつある以上、僕たちはその激流を楽しんでいくしかありません。そのつどあわてふためいていたら、とてもではありませんが、心と体が持たないでしょう。朝、目覚めると昨日とまったく違う価値観になっている今の世の中は、昨日とは違う「引き出し」を開けない限り、激流の中を立っていることすら不可能だと思います。

そうした中で役立つのが、まさに「引き出す力」です。自分が激流の中に身を置いているということをフラットな視点から認め、新しい自分の可能性という「引き出し」を開け続けた人だけが生き残れるのです。

フラックス世代はまさに「引き出す力」世代と言ってもよいかもしれません。

60

〝今〟を嘆くのではなく
楽しもう。

おわりに

「引き出す力」、いかがでしたでしょうか。

ＳＴＥＰ１でもご紹介しましたが、僕が10年前に書いた『自分プロデュース術』という本を今、改めて読み返してみると、今回この「引き出す力」で僕が書いたこととつながることが多いことに気づきます。

しかし、ソーシャルメディアの浸透によりライフスタイルが大きく変わった今、〝セルフプロデュース〟の価値は、10年前と今とでは、重みが格段に違います。

そもそも、自分で自分の可能性を「引き出す」〝セルフプロデュース〟は、本来、フリーランスや自営業、経営者といった職業の人に最も必要なものでした。しかし、ソーシャルメディアが普及した今、ビジネスパーソンにもその必要性が増しています。

「高年齢者雇用安定法」が改正され、企業は定年後も、60歳以上の希望者全員を雇用することになりました。

一方、業績不振により、大手家電メーカーが一斉に何万人規模の早期退職者を募集するなど、「大企業に入社すれば安心」という神話は崩れました。今後いっそう、企業の看板だけで仕事をしてきた人が働く場所は少なくなることでしょう。

確かにこれまでは、「仕事はほどほどで良い」といった〝ほどほど社員〟でも働き口はありました。しかしこれからは、これまで以上にコストパフォーマンスの高い人材が求められ、〝ほどほど社員〟は淘汰されていくでしょう。

それどころか自分の能力を「引き出す」ことのできる人は、これまで以上に一人でさまざまなジャンルの仕事を手がけたり、一つの会社に縛られず、複数の会社で成果を上げる、新しいタイプの働き方を実現していくと思います。

海外では、複数の名刺を持つことが当たり前

実際、海外を拠点に働く人と仕事をすると、異なる肩書きの書かれた名刺を複数枚、当たり前のように差し出されます。中には医療関連会社と芸能プロダクションのように、日本では考えられないような組み合わせもあります。どうしてかと尋ねると、みなさんは口をそろえて「儲からないからやるしかない」と答えます。

既に海外では、複数の「引き出し」を開けて活躍する「自分看板主義」が、もはやスタンダードなのです。

このままいけば日本でも、2~5年後には副業が公に認められ、会社を2社、3社掛け持つ人も出てくるのではないでしょうか。

2030年、「国内だけで働く」という選択肢はなくなっている!?

18年後の2030年、日本の将来推計人口（平成24年1月推計／国立社会保障・人口問題研究所）によれば、国内の生産年齢人口と、後期高齢者を含めた65歳以上の老人人口の

比率が逆転すると言われています。僕の娘が20歳の年です。彼女は何も悪くないのに、生まれたタイミングだけで、さまざまな負担を覚悟せざるを得ないのです。

また、その頃には外国人と一緒に働くのが当たり前になっているでしょう。経済や社会のシステムも変化しているはずです。国内だけで仕事をすればいいという時代は、もはや終わりを告げようとしています。この先、将来的にどれだけ総理大臣が替わろうとも、この現実がストップすることはないでしょう。

これまでは日本という「国」が全体的に「成長」していた、いわば「上り坂」でした。しかし、これからは経済成長の鈍化や高齢化社会といった「下り坂」の道のりを歩んでいかなければなりません。

そんなときに、たった一つの「引き出し」を大事に抱えていては、到底、乗り切れるはずなどありません。

この流れに対応するには、自分の手で自分の中の「引き出し」を開け、周りに惑わされない新しい「可能性」を見つけ出していくしかないのです。

すでに「引き出し危機」はみなさんのすぐそばにまで来ています。

危機が来てからではもう間に合いません。

今、この本を手に取った瞬間から、「引き出す力」を引き出すときなのです。

「あの人は、『引き出し』が多い」

そう言われるビジネスパーソンを目指し、今すぐ新しい「引き出し」を開けましょう。

2012年11月

おちまさと

[著者]
おちまさと

1965年12月23日東京都生まれ。プロデューサー。

数多くの人気テレビ番組やウェブサイトの企画・プロデュースをはじめ、ファッションコラボや多岐にわたる様々な企業ブランディング・プロモーションを手掛けるオールラウンドプロデューサーとして活躍中。著書も多数出版し、企業・学校などでも講演活動を行う。また「対談の名手」として雑誌や書籍のインタビュアーを務めることが多く、ブログやツイッターは高いアクセス数を誇り、「情報キュレーター」としても信頼度が高い。慶應義塾大学大学院メディアデザイン研究科非常勤講師、慶應丸の内シティキャンパス客員講師、厚生労働省「イクメンプロジェクト」推進メンバー、経済産業省「平成24年度クール・ジャパン戦略推進事業」第三者審査委員会委員、「企業マッチンググランプリ」総合プロデュースも務める。

著書に『企画の教科書』シリーズ、『初対面の教科書』、『時間の教科書』(以上NHK出版)、『気づく技術』(ダイヤモンド社)、『相手に9割しゃべらせる質問術』、『とっさのひと言で心に刺さるコメント術』(以上PHP新書)、『100の仕事も同時に回る ダブルブッキング時間術』(ソフトバンク新書)、『99%の人が見逃しているチャンスのつかみ方』(ロングセラーズ)、『ランニング・プランニング—走ればアイデアは勝手にあふれだす』(NHK出版)などがある。

おちまさと公式ブログ　http://ameblo.jp/ochimasato/
おちまさと twitter　http://twitter.com/ochimasato

装丁・本文デザイン　土屋和泉
組版　横内俊彦
編集協力　中村裕一

視覚障害その他の理由で活字のままでこの本を利用出来ない人のために、営利を目的とする場合を除き「録音図書」「点字図書」「拡大図書」等の製作をすることを認めます。その際は著作権者、または、出版社までご連絡ください。

引き出す力

ソーシャル時代をかしこく生き抜くための、セルフプロデュース術

2012年11月21日　初版発行

著　者　おちまさと
発行者　野村直克
発行所　総合法令出版株式会社
〒107－0052　東京都港区赤坂1-9-15 日本自転車会館2号館7階
電話　03-3584-9821（代）
振替　00140-0-69059

印刷・製本　中央精版印刷株式会社

ISBN 978-4-86280-334-4

総合法令出版ホームページ　http://www.horei.com/